추천사

김창국 대표는 탁월한 스토리텔러입니다. 보험업계 입문 첫날부터 그는 특유의 밝은 목소리와 흥미로운 스토리들로 웰컴 파티의 분위기를 휘어잡았습니다. 이후 그는 스토리를 통해 부담스런 세일즈맨이 아닌 가까이 두고픈 이야기꾼이 되었습니다. 이 책에는 저자의 특유의 열정과 위트가 배어 있습니다. 이제 막 세일즈를 시작한 초보부터 성공한 프로까지 그의 조언과 지혜를 나눠가질 것을 권합니다. 이 책은 그가 땀을 통해서 한 올 한 올 엮어낸 보석 같은 이야기들로 충만합니다.

- 교보생명 부사장 김승억

이 책에는 인생의 희로애락이 빼곡히 담겨 있습니다. 저자는 섬세하고 임팩트 있는 단어들을 통해 각박한 세계에 '사람을 사람답게 대하는 것이 올바른 일'이라는 진실, 즉 진심은 통한다는 원칙의 중요성을 일깨워줍니다. 지금보다 더 나은 삶, 더 나은 친구, 동료, 가족이 되기를 원한다면 이 책을 반드시 읽어보기 바랍니다.

- 메트라이프생명 CMO 차태진

김창국 대표는 누구보다 열정이 넘치는 사람입니다. 뿐만 아니라 재미있는 이야기를 풀어내는 재주로 많은 사람들에게 자신의 열정을 전염시키기까지 합니다. 이 책에 풀어낸 다양한 이야기들을 통해 독자 여러분도 그의 열정을 느껴보시기 바랍니다. 어렵고 힘든 세상을 살아가는 큰 힘이 되리라 생각합니다.

- OCI그룹 OCI상사 대표이사 김경호

저자는 소소한 일상 속 여백을, 사람을 끌리게 하는 묘한 매력을 가진 스토리로 풀어내고 있습니다. 프롤로그만 읽어보아도 이 책의 즐거운 여정에 참여하지 않을 수 없을 것입니다. 친절하고 명쾌한 어조로 본질에 충실한 이 책이야말로 세일즈맨들의 고전이 되기에 충분합니다.

- 개그맨 허경환

책을 읽은 하루 동안 저자는 내게 특별한 하루를 선물했습니다. 그 특별함의 원천은 아마 진실을 바탕으로 엮어낸 스토리텔링의 힘이 아닐까 생각합니다. 자신감이 묻어난 그의 어조에 스토리가 더해지니 그 힘은 상상을 초월했습니다. 누구누구와 '다른' 이 아닌 그만의 '특별함'은 오랜만에 나의 가슴과 머리를 동시에 두드리기에 충분했습니다.

- 한국MDRT 회장 최성원

스토리를 팔아라

스토리를

100년이 지나도 통하는 스토리 세일즈의 힘

팔 아 라

● 김창국 지음 ●

21세기북스

세일즈에서
스토리를 꺼내다

어느 멋진 젊은 신부가 시골 성당에 보좌신부로 오게 되었습니다. 그 신부를 보고 성당의 많은 여신도들이 아쉬워하며 다음과 같이 이야기했습니다.

"신부님같이 잘생기고 멋진 분이 신부님이 되시다니 너무 안타깝습니다."

이 말을 들은 신부는 이렇게 대답합니다.

"안타깝다니요, 저는 제 안의 열정이 너무나 뜨겁고 크다는 사실을 압니다. 여신도 여러분과 많은 여성들을 더 행복하게 해주기 위해 저는 신랑이 아니라 신부가 되었습니다."

세일즈를 하는 사람도 내 안의 열정이 너무나 뜨겁고 커서 넘쳐날 정도가 되어야 합니다. 세일즈맨은 늘 사람들의 차가운 시선과 거절을 감당해야 하니까요.

많은 세일즈맨들이 고객을 설득하기 위해 자신이 판매하는 상품을 다른 상품과 비교 분석하면서 장단점을 제시하는 방법을 사용하는데, 이런 방법으로는 고객의 마음을 움직이지 못합니다.

그동안 저는 수많은 세일즈맨들을 교육시키고 동기부여를 해오면서 다들 중요한 부분을 놓치고 있다는 것을 알게 되었습니다. 그것은 바로 스토리의 힘입니다. 상품이 아닌 스토리를 팔면 고객에게 감동을 주게 되어 상품 자체가 지닌 것보다 훨씬 더 큰 가치와 의미를 부여할 수 있습니다. 그 결과 상품의 가치가 높아지고 고객의 숨은 욕구를 불러일으킵니다.

이런 일이 가능하려면 우선 어떻게 표현해야 하는지, 어떻게 통찰해야 하는지, 또 어떻게 상대방의 공감을 이끌어낼 수 있는지를 알아야 합니다. 그리고 마치 외과 의사가 수술 연습을 하듯 철저히 반복 훈련해야 합니다.

세계적으로 유명한 볼쇼이발레단은 동작을 가르치기 전에 먼저 음악을 들려주어 음악을 느끼게 해준다고 합니다. 이때 단순히 음악을 들려주는 것에 그치지 않고 음악이 만들어지기까지의 배경 스토리도 함께 알려줍니다. 음악을 이해하려면 우선 그 스토리를 알아야 이해할 수 있습니다. 그래야 음악을 진정으로 느끼게 되어 몸짓으로 표현할 수 있는 것입니다. 발레는 몸짓을 통해서 관객에게 메시지를 전달하는 행위예술이기 때문입니다.

저는 세일즈를 하나의 종합예술이라고 생각합니다. 발레에 비유하자면 우리에겐 고객이 음악입니다. 우리가 고객의 마음을 온전히 느껴야만 발레리나의 몸짓처럼 관객에게 메시지가 전달되어 하나의 예술작품이 탄생할 수 있습니다. 그러므로 고객에게 상품을 판매하기에 앞서 고객을 온전히 느껴야 합니다. 그저 하나의 상품을 판매하는 것이 아니라, 개개인에게 딱 맞는 가치를 전달해주고 고객을 진심으로 헤아리고 그 사람의 감정과 상황을 가슴으로 느껴야 합니다.

또한 일반인의 눈에는 보이지 않는 것들을 찾아내는 섬세한 예술가의 시선을 가져야 합니다. 그래야 겉으로 드러나지 않는 고객의 마음속을 들여다볼 수 있는 통찰력을 지닐 수 있습니다. 뿐만 아니라 바늘이 떨어지는 소리까지 들을 수 있는 예민함이 필요합니다.

그리고 세일즈를 예술의 경지에 이르게 하려면 '마음의 길'을 읽어낼 수 있어야 합니다. 고객이 가고자 하는 마음의 길을 알고 있으면 어떤 세일즈든 성공할 수 있습니다. 그래서 저는 '세일즈는 심리다'라고 말하고 싶습니다. 유능한 세일즈맨은 여기서 한발 더 나아가 고객을 마음의 길로 인도하고 같이 동행하기도 합니다.

보험 세일즈 일을 하기 전에, 저는 국제상사에서 석유화학제품을 수입해서 판매하는 일을 했습니다. 맡은 일이 너무 흥미롭고 재미있어 한시라도 빨리 출근하려고 자다가도 새벽에 수시로 깰 정도였습니다. 당시 삼성물산, 효성물산, SK와 같은 쟁쟁한 회사들과 경쟁하면서도 열정적으로 노력한 결과 화학업계에서 어느 정도 입지를 굳혔습니다.

그러다 동양제철화학(현 OCI상사)에서 스카우트 제의가 들어와 신규 사업을 맡게 되었습니다. 그런데 동양제철화학에서 석유화학

제품을 판매한다고 하니 그 어떤 회사도 관심을 보여주지 않았습니다. 예전 거래처들도 저를 외면했습니다. 다들 대기업들과 비즈니스 차원에서 전략적인 유대관계를 유지하고 있었고 그 벽을 뚫기란 '계란으로 바위 치기'나 마찬가지였습니다.

어떻게 하면 이 난관을 돌파할 수 있을지 무척 고민스러웠습니다. 그러던 어느 날 석유화학제품의 시장동향, 가격동향, 물동량, 전 세계 경제동향들에 대해 들려주면 구매담당자들이 굉장히 집중하는 모습을 보인다는 사실을 깨달았습니다. 그 점에 착안해, 정보를 알려주되 방법을 달리했습니다.

당시는 이메일을 사용하지 않던 때라 팩스로, 매월 말 입찰서를 보낼 때 '월드와이드 리포트'를 함께 보냈습니다. 리포트 안에는 여러 원서들과 잡지들을 통해 수집한 석유화학제품 가격동향, 시장동향, 물동량, 전 세계 동향은 물론 노트르담의 트레이더, 뉴욕의 트레이더, 브라질의 제조업체들과 통화하면서 수집한 정보들을 담았습니다. 제 예상대로 구매담당자들은 그 리포트에 매우 높은 관심을 보였습니다. 그 리포트 내용을 읽은 구매담당과장은 부장에게, 부장은 상무에게, 상무는 사장에게 보고를 했습니다. 제가 보낸 월드와이드 리포트가 일종의 구매지침서가 된 것입니다.

그러다 6개월이 지났을 때부터 리포트를 딱 끊고 입찰서만 보냈습니다. 그러자 놀라운 현상이 일어났습니다. 구매담당자에게 전화가 온 것입니다. 구매담당자가 세일즈맨에게 전화를 하는 경우는 보기 드문 일입니다.

"김 팀장, 이번 달엔 팩스가 안 들어왔네. 좀 넣어주지?"

"박 과장님, 6개월 동안 팩스 잘 받아보셨죠?"

"어, 그래. 너무 많은 도움이 됐네."

"그럼 저도 이제 조금이라도 입찰에 참여시켜주십시오."

이런 식으로 발을 걸쳐 조금씩 거래를 터기 시작했습니다. 풋인더도어(foot-in-the-door), 쉽게 말해 '문 안에 한 발 걸치기' 전략이 성공한 것입니다. 이 전략은 세일즈맨이 어떤 집에 방문했을 때 상대방이 문을 닫지 못하도록 한쪽 발을 문에 밀어넣어 거절할 자유를 빼앗는 것입니다. 처음엔 아주 작은 부탁으로 상대방의 경계심을 풀면서 점점 더 큰 부탁으로 넘어갈 수 있습니다. 그러니 일단은 첫 거래를 성사시켜야 합니다. 오늘날 제가 근무하던 그 부서는 동양제철화학에서 없어서는 안 될 중요한 부서가 되었습니다.

난관을 극복하고 성공할 수 있었던 핵심은 '니드 베이스 세일즈(need base sales)', 다시 말해서 고객의 욕구를 기반으로 한 세일즈를 했기 때문입니다. 사람들의 마음속에는 다양한 가치와 욕구와 본능이 존재합니다. 당시 제가 만나던 사람들은 구매담당자였습니다. 그들의 욕구란 어떻게 물건을 더 안전하고 싸게 공급받을 수 있을까 혹은 상품에 대한 정확한 정보였습니다. 그들의 욕구를 충족시켜줬기 때문에 거래가 이루어진 것이었습니다. 제가 만약 술 접대를 하거나 골프를 쳤다면 거래가 이루어졌을까요? 아마 안 됐을 것입니다. 고객의 욕구를 정조준해서 공략해야 합니다.

제가 석유화학 영업에서 한창 재미를 느끼고 열심히 일하던 중 고등학교 선배인 이석재 매니저가 저를 찾아왔습니다. 그 선배를 통해 저는 보험 세일즈의 매력과 무한한 가능성을 느끼게 되었습니다.

제게 또 다른 도전욕구가 생긴 것입니다.

'보험은 사람 마음 하나만 바꾸면 된다. 더군다나 보험은 앞주머니에 있는 돈을 안주머니에 넣거나 장롱 속에 넣는 게 아닌가? 이 통장에서 저 통장으로 계좌이체를 한다고 돈이 없어진다고 생각하는 사람은 없다. 고객의 잠재된 욕구를 끄집어내기만 하면 어떤 세일즈든 성공할 수 있다'라는 결론에 도달했습니다.

그리고 석유화학 영업을 하면서 터득한 고객의 욕구를 기반으로 한 세일즈를 시작했습니다. 석유화학 영업 고객은 특정 욕구를 가진 반면, 보험 고객은 다양한 욕구를 가진 사람들이었기에 그들이 원하는 뭔가를 찾아내기 위해서는 더 많은 노력이 필요했습니다. 우선 보험에 대한 거부반응부터 극복해야 했습니다.

그래서 상품이 아닌 '이야기'가 필요했습니다. 이야기들을 풀어낸 결과, 고객은 굳게 닫힌 마음의 문을 열고 제 이야기에 귀를 기울여줬습니다. 제가 세일즈맨이 아닌 이야기꾼으로 기억되기 시작하면서 저의 새로운 도전은 하나씩 하나씩 성과물들을 쌓아나갔습니다.

상품이 아닌 이야기를 팔 때 여러분의 도전 역시 성공으로 거듭날 것입니다. 당신의 스토리가 경쟁력을 가질 때 당신은 '이야기꾼'으로서 쉼 없는 행진을 하게 될 것입니다.

오늘날 제가 있기까지 수많은 선배님들의 도움이 컸습니다. 보험 업계에 계시는 많은 훌륭한 선배님들, 특히 존경하는 메트라이프 김종운 사장님께 감사드립니다.

언제나 힘이 되어주시는 청와대 민영서 행정관님, 서필교 FP센터장, 신한생명 박영우 지점장, MGA협의회 문상기·모형철·송경숙 대표님, 그리고 우리 지점의 박재완 지점장, 박재범 FM, 도현순 FM, 권영현 FM, 권윤정 비서, 이 책이 만들어지기까지 흔쾌히 인터뷰에 응해주신 필드의 자랑스러운 에이전트 분들, 사랑하는 우리 지점 식구들에게도 진심으로 감사의 인사를 전합니다.

또한 륜성회 선배님들과 조래영 회장님, 이림 홀딩스 대표 이승배 선배님, (주)두바이 박종천 대표님께도 항상 고마운 마음 전합니다. 영업현장에서 열정을 함께했던 감정규 형님, 서희덕 선배님, 김준기 선배님, 이채석 상무에게도 감사의 마음을 전하고 싶습니다.

책을 펴내는 데 도움을 준 21세기북스 임직원 분들과 김선미 팀장님에게 다시 한 번 고맙다는 말을 전합니다. 마지막으로 아직도 제게 너무 크신 어머니, 언제나 함께할 삶의 동반자 아내 김주연, 소중한 채현과 채민에게도 사랑한다는 말 고맙다는 말 전합니다.

세일즈가 스토리를 만났을 때

스토리로 마음을 움직여라   고객을 영화 속 주인공으로 만들어라   누구나 공감하는 쉬운 이야기로 시작하라

속단하지 마라

세일즈는 머리로 하는 게 아니다   속단과 예단은 오류를 낳는다   기본에 충실하면 본질에 다가갈 수 있다

열정의 온도

힘들다 생각되면 열정의 온도를 높여라   아름다움은 열정의 온도로 결정된다   열정의 온도를 지킬 수 있는 시스템을 만들어라   때로는 순환이 필요하다

세일즈 휴머니즘

세일즈 속에서 빛나는 휴머니즘   듣는 이보다 말하는 내 가슴이 더 따뜻해져야 한다   업을 사랑하면 모든 것을 사랑하게 된다

1부

최고의 세일즈는
스토리에서 나온다

내 자신이 스토리가 된다

꿈을 팔고 희망을 이야기하라

스토리란 무엇일까요? 스토리란 말 그대로 이야기
입니다. 살아온 이야기이고 살아갈 이야기입니다. 이제껏 살아온
이야기이고 살아갈 이야기이기에 스토리에는 희망이 있고 꿈이 있
습니다. 또한 용서가 있고 아픔이 있고 영혼을 울리는 눈물이 있습
니다.

스토리텔러(story-teller)란 이야기를 잘하는 사람이 아닙니다. 이

야기를 잘 이끌어내는 사람이고 이야기를 잘 듣는 사람이며, 이야기를 통해 감추어지고 희미해져가는 희망을 불꽃처럼 선명하게 심어주는 사람입니다.

세일즈를 하는 사람은 많습니다. 다양한 사람들이 각종 재화(財貨)를 판매합니다. 그러나 꿈을 팔고 희망을 이야기하는 세일즈맨은 보험 에이전트가 유일합니다. 나폴레옹은 "리더는 희망을 파는 상인이다"라고 말했습니다. 우리는 시대의 리더가 되어야 합니다. 사람들이 바쁜 현실 속에서 잊고 있었던 자신의 꿈과 희망을 다시 한번 이야기하고 그릴 수 있도록 도와줄 수 있어야 합니다.

저는 고객을 처음 만나면 항상 "당신의 꿈은 무엇입니까?"라는 질문을 던집니다. 그러면 어떤 사람은 고민을 하고, 어떤 사람은 당황하고, 어떤 사람은 기억을 더듬습니다. 그리고 어떤 사람은 화를 냅니다. 제가 만난 어떤 여성분은 이 한마디에 밤새 한숨도 못 잤다고 합니다.

어릴 때의 꿈이 대통령이고 장관이던 사람들이 대학생이 되면 취업이 희망이고 꿈이 됩니다. 그리고 취업이라는 현실적인 꿈을 이루고 난 뒤 어느 정도 시간이 지나면, 어느 누구도 꿈에 대해 이야기를 나누지 않습니다.

과연 꿈이 없어진 것일까요? 인간은 단 1분도 희망이 없으면 살 수 없습니다. 단지 감추어지고 표현을 안 할 뿐입니다. 보험 에이전트는 사람들의 가슴속 저 깊은 곳에 감추어진 그들이 살아온 이야기, 그리고 살아갈 이야기를 끄집어내주고 잘 들어주는 사람이어야 합니다.

제가 본부장으로 일하던 때의 이야기입니다. 피부관리실을 운영했던 한 신입 에이전트가 제게 물었습니다.

"본부장님, 고객에게 제 소개를 할 때 어떻게 이야기할지 매우 고민스럽습니다. 좋은 방법이 없을까요?"

그래서 저는 나를 고객이라고 생각하고 자기소개를 해보라고 말했습니다.

"예전에 피부관리실을 운영했는데 하루 종일 가게에 갇혀 있는 것도 너무 싫고, 장사가 꽤 잘되었지만 무계획적으로 지출하다 보니 돈관리가 잘 안 되더라구요. 그러던 어느 날 보험 계약을 하게 되었고, 이후 저도 보험일을 해보고 싶다는 생각이 들어 이 일에 도전하게 되었습니다."

그의 자기소개는 너무 무미건조했습니다. 고객들이 귀를 기울일 만한 이야기가 필요했습니다. 저는 그의 말에 살을 붙여 다음과 같은 이야기를 들려주었습니다.

"저는 예전에 피부관리실을 운영했습니다. 열심히 고객들에게 피부 마사지를 해주고 고객들의 피부가 좋아지는 것을 보며 상당한 긍지와 보람을 느꼈습니다. 그러던 어느 날 보험 에이전트 한 분이 저를 찾아와서 돈관리에 대한 이야기와 살아가면서 소중한 가치들, 미래 준비, 수입과 지출, 인생의 목표에 대해 들려주었습니다. 사실 저는 뜨끔했습니다. 이제껏 저에게 이런 이야기를 해준 사람도 없었을 뿐더러 돈을 많이 벌긴 했지만 별 계획 없이 쓰다 보니 큰돈을 모으지도 못했습니다. 그런데 계획적인 자산관리와 용도별로 목적자금을 준비해야 한다는 말을 들으면서 많은 것을 깨달았습니다. 저는 그분의 열정적인 모습에 감동을 받아 '나 같은 사람도 이런 일을 할 수 있느냐?'라고 물었습니다. 그러자 그분은 '자신의 삶에 있어서 열정이 있고 충실한 사람은 누구나 가능합니다'라고 대답했습니다. 그래서 저도 용기를 내어 이 일을 시작하게 되었습니다. 제가 오늘 고객님을 찾아뵌 것은, 예전에 제가 피부관리를 통해서 사람들의 주름을 펴주고 기쁨을 주는 일에 대해서 무한한 가치를 느꼈듯이, 에이전트가 된 지금은 고객님 가정의 근본적인 주름, 다시 말해 경제적인 주름을 펴드리고 밝은 미래를 준비해드리고 싶기 때문입니다. 예전에 제가 피부 디자이너였다면, 지금은 웰스(wealth) 디자이너로서 고객님과 꿈과 인생의 목표를 잘 이룰 수 있도록 도와드리고 싶습니다."

이런 대화를 통해 그는 스토리화된 자신을 자랑스럽게 여기게 되었고, 이후 열심히 일해 좋은 성과를 냈습니다.

어떤 경우에도 자신의 스토리에 부정적인 내용을 담으면 안 됩니다. 형편이 어려워서 혹은 돈을 벌기 위해서 이 일을 한다는 느낌을 주어서도 안 됩니다. 과거에 실패를 해서 이 일을 하고 있다는 느낌 또한 안 됩니다. 고객에게 들려주는 자신의 스토리에는 긍정적이고 사명감이 묻어나야 합니다.

사명감은 거부감을 사라지게 한다

고객에게 에이전트로서 도움을 주고 사명감을 일깨워주면서 꿈과 희망을 판매할 수 있도록 스토리를 활용하는 것이 세일즈의 첫걸음입니다.

다음은 제가 고객을 처음 만날 때 자주 사용하는 예화입니다. 톨스토이 민화집 《사람은 무엇으로 사는가》에 수록된 글인데, 고객의 불신감과 거부감을 없애주는 좋은 이야기입니다.

한 왕이 있었습니다. 그는 가장 중요한 때가 언제인지, 그리고 가장 중요한 사람이 누구이며, 어떤 것이 가장 중요한 일인지 알고 싶어 했습니다. 왕은 지혜가 많다고 소문난 도사를 찾아가 물어보기로 했습니다.

그 도사는 깊은 숲 속에서 자신의 거처를 한 번도 떠나지 않고 자기가 농사짓는 만큼만 먹고사는 사람이었습니다. 왕은 도사의 암자로부터 멀리 떨어진 곳에서 말을 멈추곤 신하들을 돌려보냈습니다. 그런 다음 혼자 걸어갔습니다. 마침 도사는 텃밭에서 일을 하고 있었습니다.

왕이 물었습니다.

"도사님, 우리가 결코 후회하지 않게 꼭 지켜야 할 시간은 언제인가요? 그리고 어떤 사람을 멀리하고 어떤 사람을 가까이해야 하며 어떤 일을 중시해야 합니까?"

그러나 도사는 그저 땅 파는 일을 계속할 뿐 묵묵부답이었습니다. 늙고 마른 도사가 일을 계속하는 것이 왕의 마음에 걸렸습니다.

"도사님, 너무 지쳐 보입니다. 삽을 이리 주시지요."

왕이 도사 대신 땅을 파는 동안 해가 졌습니다. 일을 마치려 할 때, 칼을 찬 한 남자가 뒷산에서 달려 내려와서 왕과 도사 앞에 쓰러졌습니다. 그 사람은 맹수한테 습격을 당해 피를 흘리고 있었습니다. 왕과 도사는 황급히 그 남자를 암자로 옮겨서 치료를 해주었습니다.

이튿날 아침이 되었습니다. 몸이 회복된 그 남자는 왕 앞에 무릎을 꿇고 말했습니다.

"나는 임금님의 정치에 원한을 품고 임금님을 죽이고자 뒤를 밟았던 자객이었습니다. 그런데 이렇게 극진한 간호를 받고 보니 나의 원한이 다 사라졌습니다."

왕은 기쁜 마음으로 도사를 찾았습니다. 도사는 어제 갈아놓은 텃밭에서 씨앗을 뿌리고 있었습니다.

"도사님, 나는 당신 덕분에 나를 헤치려 한 사람을 친구로 만들었습니다. 이제 간절히 바라는 것은 내가 말한 어제의 질문에 도사님이 대답을 해주시는 것입니다."

도사는 말했습니다.

"임금님께서는 이미 대답을 얻었습니다. 만일 어제 나를 측은히 여겨 이 밭을 갈아주지 않고 돌아갔더라면 자객의 칼을 받았을 것이니 그때가 중요한 때이지요. 그리고 맹수에게 물린 그 사람을 도와 원수됨을 풀었으니 그 사람보다 중요한 사람이 어디 있으며, 그 일보다 중요한 일이 어디 있겠습니까?"

도사는 씨앗 뿌리는 손을 쉬지 않고 계속 말했습니다.

"잘 기억하십시오. 가장 중요한 때란 한 순간순간뿐입니다. 우리는 다만 그 순간만을 지배할 수 있기 때문입니다. 또 결코 없어서는 안 될 사람이란 그 순간에 만나는 사람이며, 가장 중요한 일이란 그 순간에 만나는 그 사람을 도와주는 것입니다."

고객에게 이 이야기를 들려준 뒤 다음과 같은 이야기를 덧붙이면 고객의 불신감은 어느덧 사라져 있을 것입니다.

"고객님, 오늘 우리의 만남이 현시점에서 제게 가장 소중하며, 이 시간이 가장 소중한 시간입니다. 고객님을 잘 도와드리는 일이 제게 가장 소중한 일입니다. 고객님께 도움이 될 수 있도록 최선을 다하겠습니다."

이야기로 첫만남의 기회를 잡아라

수차례 상담을 시도했지만 너무나 만나기 힘든 중소기업 사장님이 있었습니다. 고민 끝에 하부는 부작정 회사로 찾아갔습니다.

"어떻게 오셨습니까?"

"저는 김창국 에이전트라고 합니다. 잠시 사장님 좀 뵙고 싶은데요. 여쭈어주시겠습니까?"

"죄송합니다만, 저희 사장님께서는 모든 보험회사 사람들의 방문을 일절 금지하고 계십니다."

비서실의 냉담한 제지에도 불구하고 오랜 기다림 끝에 드디어 사장님을 만나 명함을 내밀었습니다. 다행히도 그동안 보낸 꾸준한 우편물을 통해 나를 알고 있는 듯했습니다.

"안녕하십니까? 김창국 에이전트입니다."

"난 보험에 관심도 없고 필요도 없소. 내 주변에 동창, 친척 등 무수히 많은 보험 에이전트들이 있소."

"당연히 그러시겠죠. 사장님 지위 정도 되시면……. 그런데 사장님, 혹시 유럽에 가보신 적 있습니까?"

"있소. 그건 왜요?"

"지금도 고풍스러운 유럽 거리에는 거리의 악사나 전위 예술가들이 많이 있습니다만, 과거에는 그것을 업으로 먹고사는 사람들도 많았다고 합니다. 몇 백 년 전 베네치아의 한 거리에 바이올린을 켜는 악사가 있었습니다. 커다란 바구니를 관객을 향해 놓아두고 열심히 바이올린을 켰지만 아무도 그에게 눈길을 주지 않았습니다. 그 모습을 안타깝게 지켜보던 한 사람이 악사에게 다가가 바이올린을 달라고 한 뒤 연주를 하기 시작했습니다. 그러자 사람들이 순식간에 몰려들었습니다. 바구니엔 돈이 가득 찼고 모두 그의 연주에 귀를 기울였습니다. 그가 바로 바이올린의 귀재라 불리는 니콜로 파가니니였습니다. 이처럼 똑같은 악기도 누가 연주하느냐에 따라 다른 소리를 냅니다. 사장님께서도 많은 연주자에게 보험 상품 이야기를 귀가 닳도록 들으셨겠지만, 저는 보험업계의 파가니니입니다. 이제 저의 연주를 한번 들어보시죠."

어느새 냉랭했던 분위기는 사라지고, 그 사장님은 그다음 이야기에 귀를 기울였습니다. 한마디로 첫만남의 기회를 잡을 수 있었던 것입니다. 그날 만일 파가니니 이야기를 하지 않고 곧바로 보험 이야기를 꺼냈다면 결과는 어땠을까요? 당연히 실패했을 것입니다. 이것이 바로 스토리의 힘입니다.

그런데 자기소개를 할 때 스토리를 이용하는 사람은 많지 않습니다. 스토리를 이용하라고 교육은 받지만 시간이 지날수록 무뎌지고 그냥 넘어가는 경우가 대부분입니다. 분명 효과가 좋다는 걸 알면서도 왜 그럴까요? 이는 누구나 자신의 원래 모습으로 돌아가려는 회복력이 있기 때문입니다.

'변화하지 않는 것은 실패를 설계하는 것과 같다'라는 이야기가 있습니다. 스토리를 이용하는 습관이 내 몸에 익숙해질 때까지, 다시 말해서 내가 변화할 때까지 부단히 노력해야 합니다.

지속적인 꿈을 가져라

일정 시간 동안의 열정은 누구나 가질 수 있습니다. 그러나 오랜 시간 동안 지속적으로 열정을 유지하기는 매우 어렵습니다. 어려움이 있어도 포기하지 않는 열정이 필요합니다.

그런데 왜 어떤 사람은 열정적이고, 어떤 사람은 열정적이지 못할까요? 그것은 꿈이 있느냐 없느냐의 차이입니다. 이때의 꿈은 지속적인 꿈이어야 합니다.

미국은 꿈에 대해 이야기하길 좋아하는 사회입니다. 미국 사람들이 꿈을 이야기할 때 자주 등장하는 인물이 있습니다. 그 사람의 생일은 국가공휴일로 지정되어 있습니다. 대체 누구일까요? 그 사람은 바로, 인종 차별 철폐를 호소하다 암살당한 마틴 루터 킹 목사입니다.

킹 목사는 1963년 8월 28일, 워싱턴 링컨기념관 광장에서 25만 명의 군중을 향해 미국 역사에 길이 남을 연설을 했습니다.

나에게는 꿈이 있습니다(I have a dream). 언젠가 이 나라가 모든 인간은 평등하게 태어났다는 것을 자명한 진실로 받아들이고, 그 진정한 의미를 신조로 살아가게 되는 날이 오리라는 꿈입니다. (…) 나의 네 자녀들이 피부색이 아니라 인격에 따라 평가받는 그런 나라에 살게 되는 날이 오리라는 꿈입니다.

킹 목사는 존 F. 케네디 대통령이 암살될 당시, 부인과 함께 TV를 지켜보며 "나도 저렇게 죽을 수 있을 것이니 항상 마음을 단단히 먹고 있어요"라고 말했다고 합니다. 그는 자신의 죽음을 예측하면서도 자신의 꿈을 말하는 것을 포기하지 않았습니다. 킹 목사의 생일이 국가공휴일이 될 수 있었던 이유는 그의 꿈이 많은 사람을 감동시키고 움직여서 선진화된 미국을 만들 수 있었기 때문입니다.

오늘날 미국 사회는 어떻습니까? 흑인이 국무장관이 되고 하버드 법대 학장이 되더니, 마침내 미국 대통령까지 되는 기적 같은 일이 벌어졌습니다. 그동안 죽음을 두려워하지 않는 수많은 사람들의 열정과 꿈이 있었기 때문에 이러한 역사가 이루어질 수 있었던 것입니다.

사람이 역사를 만듭니다. 다른 사람의 꿈에 관여하지 못하는 사람은 엘리트가 아닙니다. 오직 꿈꾸는 자만이 엘리트가 됩니다. 그런 사람만이 다른 사람들에게 영향력을 미칠 수 있고, 다른 사람이 꿈을 이룰 수 있도록 도와줄 수 있습니다. 그리고 꿈을 가질 때 그 사람의 열정은 지속됩니다.

　　　　　매우 열정적으로 사는 한 친구가 있습니다. 그는 항상 자신의 나이에 −15를 합니다. 예를 들어 45세라면 −15를 해서 30세의 사고방식과 열정과 체력을 가지려고 늘 준비합니다. 그렇게 하면 자신의 꿈을 이루려고 할 때 더욱더 적극적인 자세를 유지하게 되고 활동력 또한 높아진다고 합니다.

　세일즈맨 역시 이런 자세로 일한다면 삶에 대한 열정의 온도가 높아지지 않을까요? 그리고 세일즈맨 스스로 자신의 삶에 대한 열정의 온도를 높인다면 고객에게도 삶에 대한 사랑과 희망을 갖게 해줄 수 있을 것입니다.

　삶에 대한 사랑과 희망을 얘기할 때 빠뜨릴 수 없는 분이 있습니다. 2009년 5월에 작고한 장영희 교수님입니다. 이분이 우리에게 희망을 주는 이유는 이분의 삶 자체가 희망을 주는 메시지를 담고 있기 때문입니다.

　장영희 교수님은 어릴 적에 소아마비를 심하게 앓아 거동이 매우 불편했습니다. 고등학교 때는 어머니가 두 시간마다 쫓아와서 업고 화장실에 갈 정도였습니다. 그런 열악한 상황 속에서도 학업 성적이 매우 우수했습니다. 입시 점수 또한 높았지만 받아주는 대학이 없었습니다. 그런데 서강대학교 총장님이 "공부는 머리로 하는 것이지 발로 하는 것이 아니다"라며 배려해주어 서강대학교 영문학과에 입학하게 되었습니다. 대학을 졸업한 뒤에는 뉴욕 대학교에서 박사학위를 받았습니다. 이후 한국으로 돌아와 모교에서 영문학과 교수로 재직했습니다.

그러나 안타깝게도 2001년에 유방암으로 고생하다 2004년에는 척추암을 앓았고 2008년에는 간암으로 고생하다 2009년에 사망했습니다.

장영희 교수님은 평생을 병마와 싸우면서도 늘 열정적으로 학생들을 가르쳤고, 사람들에게 희망과 용기를 주는 책들을 냈습니다. 장영희 교수님의 책들 가운데 《살아온 기적, 살아갈 기적》은 제가 매우 감명 깊게 읽은 책인데, 그분의 유작과도 같은 작품입니다. 다음은 그 책의 내용 중 한 부분입니다.

〈민식이의 행복론〉

다음은 김민식이라는 학생이 쓴 '내가 행복의 교훈을 배운 잊지 못할 그날'이라는 좀 긴 제목의 글인데, 번역해보면 다음과 같다.

사람들이 내게 언제 행복을 느끼느냐고 물으면 나는 '화장실에 갈 때, 음식을 먹을 때, 걸어 다닐 때'라고 답한다. 유치하기 짝이 없고 동물적인 답변 아니냐고 반문들을 하지만, 내게는 그럴 만한 이유가 있다.

내게 '잊지 못할 그날'은 3년 전 11월 4일 고등학교 3학년 때이다. 수능시험 보기 바로 이틀 전이었다. 방과 후에 교실에서 친구들과 공부를 하고 있는데 수위 아저씨가 뛰어 들어오면서 외치셨다. "너희 반 친구 둘이 학교 앞에서 트럭에 치여서 병원에 실려 갔다!"

우리는 곧장 병원으로 달려갔다. 명수와 병호는 온몸이 피투성이가 된 채 응급실에 누워 있었다. 머리를 크게 다친 병호는 숨을 쉬는 것조차 힘겨워했다. 생명이 위태롭다고 했다. 병호는 곧 수술실로 옮겨졌고, 친구들과 나는 거의 기절 상태이신 병호 어머니와 함께 수술이 잘되기를 바라며 기다리는 수밖에 없었다.

나는 그때 처음으로 온 마음을 다하여 빌었다. '정말 하느님이 계시다면 병호를 꼭 살려 주세요.' 제가 수능시험을 아주 못 봐서 대학에 떨어져도 좋으니 내 친구 병호를 살려 주세요.' 당시 그것은 내가 친구를 위해 해줄 수 있는 최대한의 희생이었다.

얼마간의 시간이 흘렀을까, 드디어 의사 선생님이 나오셨다. 아무 말도 안 하셨지만, 표정이 병호의 죽음을 알렸다. 순간 정적이 흘렀다. 바로 그때, 응급실 침대에 누워 있던 명수가 깨어나서 큰 소리로 말했다. "엄마! 나 화장실 가고 싶어! 오줌 마렵다고!"

나는 친구의 삶과 죽음을 동시에 보고 있었다. 한 사람은 이제 이 세상에서 숨을 멈추었고 또 한 사람은 살아서 화장실을 가고 싶어 하고 있었다. 나는 생각했다. '명수야, 축하한다. 깨어나서 화장실에 가고 싶다고 말할 수 있다는 것은 너무나 큰 축복이고 행복이다.'

그렇게 나는 친구를 보냈다. 그리고 그날 이후 행복이란 특별한 것이 아니라 그저 이 세상에서 숨 쉬고, 배고플 때 밥을 먹을 수 있고, 화장실에 갈 수 있고, 내 발로 학교에 다닐 수 있고, 내 눈으로 하늘을 쳐다볼 수 있고, 작지만 예쁜 교정을 보고, 그냥 이렇게 살아 있는 것이 행복하다고 굳게 믿는다.

그러니까 가끔씩 맛있는 음식을 먹고, 여자 친구와 데이트하고, 친구들과 운동하고, 조카들과 놀고, 그런 행복들은 순전히 보너스인데, 내 삶은 그런 보너스 행복으로 가득 차 있다!!

(…)

민식이 말마따나 행복의 기준이 이 세상에서 숨을 쉬고 있고 밥 먹고 소화 잘 시켜서 멀쩡히 화장실을 갈 수 있는 것이라면 그 조건을 완벽하게 충족시키는 내게 나머지는 무조건 다 그야말로 보너스, 대박 행복인 셈이다. 이렇게 좋은 학생을 가르치는 것도 행복이고, 학생들이 쓴 글을 독자들에게 소개할 수 있는 것도 기막힌 행운이고, 책상에 쌓인 일거리도 축복이고…… 내 삶도 보너스 행복으로 가득 차 있다.

민식이의 글을 읽으니 얼마 전 전신마비 구족화가이자 시인인 이상열 씨가 쓴 '새해소망'이라는 시도 생각난다.

"새해에는 더도 말고 덜도 말고 손가락 하나만 움직이게 하소서."

이 이야기를 읽으면 저절로 희망과 용기가 생깁니다. 거창한 이야기가 아닌데도 행복이 무엇인지 스스로 깨닫게 됩니다. 고객에게 이야기를 들려줄 때도 〈민식이의 행복론〉처럼 자신의 경험을 바탕으로 깨달은 것들을 이야기하면 됩니다. 우리네 살아가는 이야기를 할 때 고객은 공감합니다. 그럴 때 고객은 나의 스토리와 나를 동일시합니다. 이로 인해 내가 들려줄 그다음 이야기의 설득력은 굉장히 높아집니다. 그게 바로 스토리의 힘입니다.

고객이 나의 이야기를 듣고 행복에 대해 다시 생각하게 된다면 고객에게 동기부여를 한 것입니다. 고객에게 감정의 롤러코스터를 경험하게 해준 것입니다. 고객과 헤어진 후에도 고객의 마음속에 강한 인상을 남겨 다음번에 다시 만난다면 고객의 태도가 달라질 것입니다.

인간 생각이란 그 믿(frame)을 만들고 세계를 관찰을 지켜
재천으로 세상이 눈을 가로 가치 있는 것이다.

— 라이얼 린스(린하교)

세일즈에도 철학이 필요하다

철학, 즉 필로소피(philosophy)라는 단어는 고대 그리스어의 필로소피아(philosophia)에서 유래했는데, 필로소피아는 지혜에 대한 사랑이란 뜻입니다. 여기서 지혜는 일상생활에서의 실용적 지식이 아닌 인간 자신과 그것을 둘러싼 세계에 대한 관조적 지식을 의미합니다. 이를테면 일상적으로 세계관, 인생관, 가치관이라고 부르는 것들이 포함됩니다.

35

플라톤은 철학을 모든 학문의 어머니라고 했는데, 철학이 이처럼 지혜를 사랑하는 학문이기 때문에 모든 학문의 어머니라고 이야기한 것이 아닐까요. 우리는 인생에 있어 생각하는 바가 남다르고 행동이 다른 사람을 보면 "그 사람은 인생철학이 있어"라는 표현을 씁니다. 이때 인생철학이 있다는 말에는 인생을 사랑하는 지혜가 있다는 뜻이 담겨 있습니다. 그래서 저는 철학을 '사랑할 줄 아는 지혜'라고 표현하고 싶습니다.

세일즈를 할 때도 철학이 매우 중요합니다. 특히 보험 비즈니스는 'people business'라고 할 수 있는데, 보험은 사람을 많이 상대하고 운용하는 비즈니스이기 때문입니다. 이 비즈니스에 철학이 중요하다는 얘기는 '사람을 사랑할 줄 아는 지혜'를 가져야 한다는 뜻입니다. 그리고 사람은 삶을 의미한다고 말할 수 있으므로, 다시 말해서 다른 사람의 삶을 사랑할 줄 아는 지혜를 가져야 한다는 말입니다.

사랑한다는 말은 세 가지로 나눠집니다.

첫 번째는 열정입니다. 사랑한다는 말은 열정이 있다는 겁니다. 열정을 영어로는 enthusiasm이라 하는데, 그리스어 entheos가 어원입니다. entheos는 '신이 내 안에 들어오다'는 의미입니다. 신이 내 안에 들어오는 게 열정이니, 사랑을 하면 자신의 일에 뜨겁게 빠질 수 있습니다.

두 번째는 친밀감입니다. 고객을 만날 때는 우리가 고객을 사랑한다는 것을 표현할 수 있어야 합니다. 예를 들어 고객에게 악수나 포옹을 할 때 주저함이 없어야 합니다.

미국의 전 대통령 빌 클린턴은 악수를 할 때 항상 상대의 손을 지긋이 잡으면서 아이컨텍(eye contact)을 합니다. 아이컨텍은 한마디로 상대와 눈을 맞추는 것입니다. 상대의 눈을 보면서 자기 마음을 전달하는 거죠. 커뮤니케이션의 90퍼센트가 제스처(gesture)이고, 바디 랭귀지입니다.

세 번째는 책임감입니다. 책임감은 대응할 수 있는 능력, 내가 사랑하는 사람으로부터 부름을 받았을 때 대답해줄 수 있는 능력입니다. 예를 들어 내 자식이 재능이 있어서 유학을 가고자 한다면 "재능을 개발해라. 도와줄게"라고 말할 수 있는 능력이 책임감입니다.

고객에게 사랑할 줄 아는 지혜를 보여주려면 고객을 만났을 때 열정적이어야 하고 친밀감을 표시해야 하고 상한 책임감을 느끼고 표현할 수 있어야 합니다.

어떤 사람이 큰 사업을 하다가 부도가 났습니다. 하루는 그 사람이 선배를 만나 하소연을 했습니다.

"선배님, 모든 것을 다 잃었습니다. 저는 이제 더 이상 희망이 없습니다."

그러자 선배가 물었습니다.

"그래? 뭘 잃었는데? 부인이 죽었니? 아이들이 다 죽었니? 팔 하나를 잃었니?"

"아니요."

"그럼 뭘 잃었는데?"

그 사람은 아무 말도 하지 못했습니다. 얼마 후 그는 이번에는 중국집 배달원으로 취업을 했습니다.

"선배님, 저는 이제 인생의 밑바닥까지 내려왔습니다."

"지금 네가 처한 현실을 인생의 밑바닥이라 생각하지 말고 밑바탕이라고 생각해라. 밑바탕을 다시 탄탄하게 만든다고 생각해라. 그러면 달라진다."

그는 자장면 배달을 하면서 고객을 기쁘게 해주자는 생각을 했습니다. 고객의 집에 들어서면 그 집 신발을 정리하고, 유머도 수시로 생각해 고객들을 즐겁게 해주었습니다. 그에 대해 좋은 이야기들이 오갔고 마침내 그는 큰 중국집을 차려 재기에 성공할 수 있었습니다.

자신에게 주어진 상황을 반전시키고 어떻게 반응하느냐 따라 이렇게 달라집니다. 프레임(frame)을 바꾸면 삶이 달라집니다. 저는 일을 하면서 또 인생을 살면서 가장 중요한 게 뭐냐고 물어본다면, 프레임이라고 자신 있게 말할 수 있습니다. 프레임이란 일반적으로 문틀, 창틀을 의미합니다. 심리학에서는 세상을 보는 마음의 창, 세상을 향한 나의 마인드 세팅, 세상을 향한 나의 마음의 눈이란 의미로 해석합니다.

예전에 중동 건설 붐이 일어나기 전에 박정희 대통령이 한 건설사 사장을 중동에 보냈습니다. 중동에 다녀온 그 사장은 "각하, 도저히 불가능합니다. 환경이 너무나도 열악합니다. 기온이 50도에 육박해서 아스팔트도 다 녹아버려 공사를 할 수 없거니와 여자도 술도 없습니다. 게다가 물도 없어서 공사하기가 만만치 않습니다"

라고 보고했습니다.

그 후 현대건설 정주영 회장에게 이 이야기를 했더니 "각하, 제가 다녀오겠습니다"라며 자신감을 내보였습니다. 중동에 다녀온 그는 뜻밖의 이야기를 했습니다. "각하, 너무나도 좋은 조건입니다. 일단 술도 못 마시고 여자도 못 만나니 오직 작업에만 열중할 수 있어 일하기가 너무 좋습니다. 낮엔 더워서 푹 자게 하고 밤에 작업하면 됩니다. 물은 없지만 끌어오면 되는 것이고, 사방에 모래가 널려 있으니 시멘트 걱정도 없습니다."

역사 속에서도 프레임의 차이를 볼 수 있습니다. 김정호가 '대동여지도'를 만들었을 때, 일반 상인들은 "정말 훌륭하다. 이제부터 전국 방방곳곳을 편리하게 다닐 수 있어"라며 환호성을 지른 반면, 관료들은 "이렇게 세밀한 지도가 나왔으니 외국인들이나 첩자들의 침략이 더 쉬워지겠어. 순식간에 노출되는 것은 시간문제야"라며 김정호를 첩자 취급했습니다.

이처럼 프레임이 달라야 미션이 생깁니다. 우리는 고객의 프레임을 바꾸기 이전에, 자신이 하고 있는 일에 대한 명확한 소명의식과 긍정적인 프레임을 갖추어야 합니다. 자신의 일을 어떤 프레임을 가지고 하느냐에 따라 세상이 달라지고, 기회가 달라집니다.

상품이 아닌 가치를 팔아라

보험업계의 프레임도 바뀌고 있습니다. 무엇보다도 가치를 중요하게 생각합니다. 가치 세일즈를 해야 합니다. 사람들의 마음속에는 기본적인 본능과 다양한 욕구가 서로 경쟁하면서 존재하고 있습니다. 따라서 고객이 가장 원하는 가치를 꼬집어줘야 합니다.

문경에 있는 함재한의원 원장님을 소개받아 찾아갔을 때의 일입니다.

나 원장님, 안녕하십니까? ○○ 생명 김창국이라고 합니다.

원장님 저 보험 필요 없어요. 가세요.

나 원장님의 의술이 뛰어나시다고 소문이 나서 지인이 소개를 해주어 뵈러 온 것입니다. 보험 얘기는 하지 않겠습니다. 그저 원장님께 좋은 말씀 좀 들으러 온 것뿐입니다.

원장님 아, 그래요? 그럼 차나 한잔하고 가시죠.

나 원장님의 의술이 뛰어나시다고 소문이 난 데에는 나름대로의 이유가 있을 것입니다. 원장님, 제가 잠시 《동의보감》을 지은 허준에 대해 이야기하고 싶은데 한번 들어보시겠어요?

원장님 물론이죠.

나 원장님도 아시겠지만, 허준은 서출이라는 신분에서 벗어나기 위해 의원이 되고자 했습니다. 그런데 열심히 의술에 전념하다 보니 출세가 아니라 의술의 본질에 대해 고민하게 되었습니다. 돈이 없어 비싼 중국 약재를 못 사먹어 병들고 죽어가는 백성들의 모습이 안타까워 우리나라 음식과 약재를 연구하기 시작했고, 그 결과물이 바로 《동의보감》입니다. 그래서 《동의보감》의 서두는 "백성들을 궁휼이 여겨"로 시작됩니다. 휴머니즘이 근본적으로 깔려 있는 것이죠. 이처럼 직업의 본질에는 휴머니즘이 깔려 있어야 한다고 생각합니다. 무엇보다도 사람을 최고로 생각하고 따뜻하게 대할 수 있어야 합니다. 그래서 제가 미루어 짐작컨대 원장님 또한 휴머니즘을 바탕으로 진료를 하시는 것 같습니다.

원장님 《동의보감》에 대해 이런 해박한 지식을 갖고 계시다니 놀랍습니다.

나 과찬의 말씀이십니다. 그런데 자녀들에게는 어떻게 애정을 표현하고 계십니까?

원장님 갖고 싶은 물건, 맛있는 음식 사주고……. 다른 부모들이랑 별반 다를 게 없죠.

나 원장님이 돈 열심히 벌어서 나중에 자녀들에게 아파트 사주고 유산 많이 남겨주면 "우리 아빠는 정말 훌륭한 분이시다"라고 말할 것 같으세요? 아닙니다. 지금부터 자녀들에게 원장님의 마음과 사랑을 보여주어야 합니다. 미국 UCLA대학교 졸업식장에서 있었던 일입니다. 대개 수석 졸업자는 남학생인데 그해에는 수잔이라는 여학생이 수석 졸업을 해 기자들이 인터뷰를 했습니다. 이것저것 물어보던 중 한 기자가 아버지에 대해 물었습니다. 그러자 수잔은 "아버지는 제가 여섯 살이 되던 해에 돌아가셨습니다. 하지만 오늘날 저를 만들어주신 분은 바로 저의 아버지입니다"라고 말했습니다. 기자가 무슨 뜻이냐고 물었더니, 아버지가 돌아가시기 전에 가입해두었던 보험금으로 생활비와 학비를 충당했으며 보험증서랑 같이 들어 있던 아버지의 편지 덕분에 살아가는 힘을 얻었다고 말했습니다. 다음은 수잔의 아버지가 남긴 편지 내용입니다.

수잔! 네가 성장하는 데 내가 아버지로서의 도리를 다하지 못하게 될 경우에는 이 증서가 나를 대신하여 너를 지켜줄 것이다.

아버지의 의지와 상관없이 하나님의 곁으로 먼저 가게 될 것에 대비해 작은 준비를 해놓으니 너는 어떠한 상황에도 굴하지 말고 바른 사람이 되어주길 바란다.

– 사랑하는 아버지로부터

수잔은 인터뷰 말미에, 비록 아버지에 대한 기억은 많이 없지만 아버지가 얼마나 자기를 사랑했는지 알고 있다고 말했습니다. 수잔은 아버지가 가입한 보험과 편지를 통해 훌륭하게 성장할 수 있었습니다. 원장님, 애정은 돈을 주고 살 수는 없습니다. 그러나 돈에다 애정을 담아서 줄 수는 있습니다.

대화를 마친 뒤 그 원장님은 잠시 생각에 잠기더니 흔쾌히 청약서에 서명을 했습니다. 이것이 바로 가치 세일즈입니다. 저는 단순히 상품을 판매한 것이 아니라 가치를 판매한 것입니다.

가치에 중점을 둔 판매가 이루어진다면 단순 세일즈의 한계에서 벗어나 판매 기회를 창출해낼 수 있는 능력을 향상시킬 수 있습니다. 고객의 프레임은 상품 자체로 바뀌지는 않습니다. 상품이 주는 혜택을 잘 그릴 수 있어야 합니다. 무엇(상품)을 말하기보다는 어떤 것이 있느냐, 즉 혜택과 새로운 정의를 통해 고객의 프레임을 바꿀 수 있습니다.

고객의 프레임을 바꾸기 힘든 경우에는 다음 이야기를 활용해보기 바랍니다. 무엇을 말하느냐보다 어떻게 말하느냐가 중요하다는 것을 잘 보여주는 재미있는 이야기입니다.

　　루이 11세는 항상 점성술사를 옆에 데리고 다녔습니다. 무슨 일이 생기면 점성술사에게 항상 물어보곤 했습니다. 미래를 예측하는 능력이 있기 때문입니다. 그러던 어느 날 점성술사가 "왕께서 굉장히 사랑하는 후궁 중에 한 명이 한 달 안에 죽습니다"라고 말을 했습니다.

　　그 말을 들은 루이 11세는 굉장히 충격을 받았습니다.

　　"그 후궁을 살릴 수 있는 방법은 없느냐?"라고 물었습니다. 그러자 점성술사는 "불가능합니다"라고 말했습니다.

　　루이 11세는 한 달 동안 지켜보기로 했습니다. 이에 신하들은 점성술사를 죽여야 한다며 반발이 빗발쳤습니다. 그리고 한 달 후 정말로 후궁 한 명이 죽었습니다. 루이 11세는 화가 치밀었습니다. 미래를 예측하면 대책도 세울 수 있어야 한다고 생각했습니다.

　　그래서 점성술사를 체포해서 사형을 처하기 직전에 "네가 언제 죽을 것인지 예측을 해봐라"고 말했습니다. 그러자 점성술사는 다음과 같이 말해 위기를 극복할 수 있었습니다.

　　"왕이시여, 제 미래는 예측할 수 없습니다만, 왕의 미래는 예측할 수 있습니다. 왕께서는 제가 죽은 다음날 돌아가시게 될 것입니다."

스토리의
주제는 삶

내가 진정으로 따르는 신앙은 모든 살아 있는 것들을
사랑하는 것이다.

— 톨스토이

세일즈맨은 대본 없는 배우다

세일즈맨 중에서도 특히 보험 에이전트는 대본 없는 배우입니다. 그리고 그 배우는 삶이라는 무대에서 공연을 합니다. 경우에 따라서 주연이 될 수도 있고 조연이 될 수도 있지만, 자신에게 주어진 역할에 최선을 다하고 싶다는 생각은 모두가 같습니다.

그럼 공연에서 어떤 이야기를 해야 고객의 마음을 움직일 수 있을까요? 저는 삶 속에서 일어나는 여러 가지 사건들을 담고 있어야 한다고 생각합니다.

우리는 굉장히 다양한 사람들을 만납니다. 그들이 가지는 생각과 꿈 역시 제각각 다를 것입니다. 하지만 그들의 삶 속에 나타나는 사건들은 대개 비슷합니다. 즉 사랑, 용서, 관용, 희망, 행복, 지혜 등에 관련된 사건들입니다. 과연 우리는 이런 삶의 주제로 대본을 준비하고 있을까요?

보험에 대한 스토리는 여러 가지로 표현할 수 있는데, 그중 한 가지가 "보험은 제2의 가장이다"라는 표현입니다. 다음은 보험이 무엇인지를 잘 표현한 사례입니다.

한 유명한 MDRT(Million Dollar Round Table, 백만불원탁회의 : 전 세계 보험영업인의 '명예의 전당'이라 불린다. MDRT 회원은 보험업계 최고의 에이전트다) 회원이 어떤 운전기사를 만났습니다. 운전기사가 "당신이 하는 일이 뭡니까?"라고 묻자, 그는 "당신이 운전을 할 수 없게 되었다 하더라도 마치 당신이 운전을 하고 있는 것처럼 수익이 지속적으로 창출돼서 당신의 가족이 생활을 영위할 수 있게 도와드리는 일을 하고 있습니다"라고 말했습니다.

보험은 또한 아버지의 소망을 전달하는 것이기도 합니다.

"아버지의 뜻을 기려 남기신 보험금을 소중하게 쓰고 싶습니다"라는 기사가 《타임》에 실렸습니다. 우연히 아버지의 유품을 정리하던 중에 아버지가 남긴 메시지와 보험증권을 발견한 것입니다. 분명 아버지는 이 돈이 가치 있게 쓰인다는 사실에 기뻐할 것입니다.

유대인들은 잠자리에서는 잠자리 교육, 식사시간에는 밥상머리

교육을 시키는 등 교육 방법이 남다릅니다. 그런 유대인들이 다이아 몬드같이 귀중하게 생각하는 것이 바로 보험, 특히 종신보험입니다. 유대인 젊은이들은 다른 나라 젊은이들과는 시작점부터 다릅니다. 증조할아버지가 1000달러짜리 보험을 들면 그것이 종자돈이 되어, 할아버지는 1만 달러짜리 보험을 들고, 아버지는 10만 달러짜리, 그 아들은 100만 달러짜리 보험으로 출발합니다. 그 결과 오늘날 1퍼센트도 안 되는 유대인들이 미국 경제를 쥐락펴락하고 있습니다.

세계적으로 유명한 케네디, 포드, 부시 가문에도 보험증권이 쌓여 있습니다. 왜 그럴까요? 보험은 가문을 지킬 수 있는 교육적 유산이기 때문입니다.

분명하고 단순하게 메시지를 전달하라

미국 샌프란시스코에는 샌프란시스코 만과 태평양을 잇는 금문교라는 유명한 다리가 있습니다. 금문교는 최초의 현수교로 '세상에서 가장 아름다운 다리'라고 불립니다.

그런데 이 다리를 건축할 당시 높은 곳에서의 공포심이 작용한 탓인지 추락사한 노동자들이 많았습니다. 감독관은 해결책을 찾기 위해 고민하다 다리 아래쪽에 그물을 설치했습니다. 그러자 신기하게도 추락하는 일이 거의 없어졌다고 합니다. 덕분에 공사도 순조롭게 진행되었습니다. 그물로 인해 사람들에게 마음의 평화가 찾아온 것입니다.

이게 바로 보험입니다. 보험에 가입하면 그 순간부터 마음의 평화와 행복을 얻을 수 있습니다. 보험에 대한 거부감을 가진 고객에게 이 이야기를 들려주면 굳게 닫힌 마음의 문을 한결 수월하게 열 수 있을 것입니다. 이처럼 상품을 판매할 때는 쉽고 분명하고 단순하게 메시지를 전달할 수 있어야 합니다. 스토리를 이용해야 하는 이유가 여기에 있습니다.

항상 용서하는 마음을 가져라

보험 세일즈의 초기 첫 달 영업은 본인이 살아온 과거의 투영입니다. 그동안 얼마나 열심히 살아왔는지를 실적으로 평가받습니다. 그리고 친구들이나 지인들에게 문전박대를 당하면서 많은 혼란을 겪습니다. '내가 예전에 얼마나 잘해줬는데 내게 이럴 수 있어?' '몇 십 년을 그렇게 동고동락했는데……' 하는 원망과 갈등은 배신감으로 증폭되고 급기야 일에 대한 본질을 흐리게 됩니다.

원망의 깊이는 실망감의 깊이입니다. 기대가 컸기에 원망의 골도 더 깊을 수밖에 없습니다. 큰 계약을 놓쳐 실의에 빠져 있는 후배들에게 저는 "비즈니스란 서로가 끈을 맞잡고 있는 것이다. 내가 그 끈을 놓는 순간 비즈니스는 끝이다"라고 얘기합니다.

《삼국지》 관도대전에서 밀서를 모두 불태워버린 조조의 이야기는 이런 상황에 많은 힘이 됩니다.

조조와 원소가 관도지역을 두고 큰 전투를 벌입니다. 원소의 병력은 80만 명이고 조조의 병력은 8만 명으로 처음부터 상대가 되지 않는 싸움이었습니다. 조조군의 사기는 땅에 떨어지고 적과 내통하는 자들도 생기게 됩니다. 그러나 조조의 결단력과 지략으로 결국 조조가 승리합니다.

그런데 원소의 군영을 점령해보니 원소와 내통한 자들의 밀서가 쌓여 있었습니다. 조조의 부하들이 "하나하나 이름을 대조해 잡아 죽이시지요"라고 간청합니다. 배신자들을 가려내고 처벌할 절호의 기회였지만 조조는 "모두 불태워버려라. 원소가 강할 때는 나 스스로도 자신을 지킬 수 없었거늘 하물며 다른 사람들이야 어떻겠느냐?"라고 답했다고 합니다.

이처럼 역지사지(易地思之)의 마음을 가진다면 용서의 마음이 생깁니다. 조조는 관용과 용서를 통해 부하들에게 더 큰 충성과 존경을 받았습니다. 우리도 용서의 마음이 생긴다면 그리고 때로는 알고도 넘어가 줄 수 있다면 고객들과 더 큰 신뢰가 쌓일 것입니다.

그런데 이렇게 하더라도 당장 성과가 안 나타날 수도 있습니다. 세일즈는 선교사의 마음으로 해야 합니다. 선교사를 뽑을 때 신앙심 못지않게 중요한 게 낙관적인 성격과 유머 능력입니다. 선교사는 많은 고난과 거절을 목전에 두고 있기 때문입니다. 어떠한 상황에서도 낙관적인 성격과 유머로 넘길 수 있어야 합니다. 선교사의 마음은 주고 또 주는 'give and give'입니다. 이를 바꿔 말하면 forgive, 즉 먼저 주다, 용서하다는 뜻입니다. 세일즈맨은 항상 상대방에게 끊임없이 먼저 줄 수 있어야 합니다.

유명한 천주교 화가인 조르주 루오(Georges Rouault)의 작품 중에 〈향나무는 자신을 찍는 도끼날에도 향을 묻힌다〉라는 제목의 판화가 있습니다. 이 말에는 엄청난 용서의 뜻이 담겨 있습니다. "용서가 힘의 극치이고 최고의 선의다"라는 말이 있듯이, 자기 자신이 힘들어 지칠 때도 용서할 줄 알아야 합니다. 주변 사람들이나 고객들이 날 거절하고 박절하게 대해도 항상 용서의 마음, 따뜻한 마음을 가져야 합니다.

죽음은 삶의 거울이다

철저한 금욕생활과 침묵을 원칙으로 온종일 엄격하게 지내기로 유명한 트라피스트 수도회 수사들은 늘 책상 위에 해골을 놓아두었다고 합니다. 견디기 힘든 금욕생활 와중에 불쑥불쑥 솟아나는 욕망을 경계하기 위함이었습니다.

그들이 유일하게 쓰는 말이 메멘토 모리(memonto mori)라는 단어입니다. '죽음을 상기하라'는 뜻의 라틴어인데, 인간의 유한함을 겸손히 인정하고 현재에 충실하라는 의미를 담고 있습니다. 메멘토 모리를 주고받으며 그들은 하루하루의 삶에 최선을 다했다고 합니다.

로마 시대에 황제를 자문하는 두 그룹이 있었습니다. 한 그룹은 황제에게 '카르페 디엠', 즉 현재를 즐기라고 조언했고, 다른 한쪽은 '메멘토 모리', 즉 죽음을 상기하며 살라고 간언했습니다. 전자를 따른 황제는 '짧은 인생 신나게 즐기자'라는 생각으로 퇴폐적인 인생을 살면서 폭압적인 정치를 해 나라를 쇠퇴하게 만들었습니다. 그러나 후자를 따른 황제는 '할 일은 많은데 주어진 시간이 부족하다'라는 생각으로 긴장을 늦추지 않고 바른 정치를 해서 로마를 부흥시켰습니다.

죽음을 상기하는 사람만이 삶을 낭비하지 않고 인생을 열정적으로 삽니다. 편안하고 좋은 것만을 기억하는 사람은 위대한 인생을 살 수 없습니다. 위대한 사람일수록 힘들고 두려웠던 것을 기억합니다. 그리고 또 보통 사람들이 생각하기 싫은 것을 기억해 인생의 교사로 삼습니다. 이처럼 죽음을 기억하는 인생이 지혜로운 인생인 것입니다.

보험 세일즈는 죽음을 이야기하고 준비하게 하는 비즈니스입니다. 다시 말해서 더 풍요로운 삶을 살게 하고 안전하게 준비를 하게 해주는 비즈니스입니다. 왜냐하면 죽음은 곧 삶의 거울이기 때문입니다. 죽음을 맞는 가장 좋은 방법이란 사실 가장 좋은 삶을 사는 것입니다.

가장 좋은 삶은 자비심으로부터 나오고 자비심은 타인에 대한 연민과 사랑에서 나옵니다. 죽음은 인간에게 가장 고통스러운 순간이지만 아주 놀라운 힘을 가지고 우리를 변화시킵니다.

세계적인 권위를 자랑하는 노벨상에도 죽음에 관한 이야기가 담겨 있습니다.

다이너마이트를 개발해 엄청난 돈을 번 노벨은 어느 날 한 신문기사를 읽고 큰 충격에 빠졌습니다. 자신이 아니라 형이 죽었는데 〈죽음의 상인, 노벨 사망〉이라는 신문기사가 실렸기 때문입니다. 노벨은 '노벨 사망'이라는 문구보다 '죽음의 상인'이라는 문구에 더 큰 충격을 받았습니다.

이후 노벨은 자신이 개발한 다이너마이트가 살상무기로 쓰이는 것에 대해 깊은 우려를 했습니다. 또한 인도주의적이고 과학적인 자선사업에 돈을 아끼지 않았으며, 재산의 많은 부분을 기금으로 남겨 노벨상을 제정했습니다. 노벨은 '죽음의 상인'이란 문구를 통해 자신의 지난날을 되돌아보면서 더 큰 사랑의 삶을 살 수 있게 되었습니다. 죽음을 통해 성스런 성찰을 한 셈입니다.

세일즈가
스토리를
만났을 때

삶은 소유가 아니라 순간순간의 '있음'이다. 영원한 것
은 없다. 모두가 한때일 뿐. 그 한때를 최선을 다해 최
대한으로 살 수 있어야 한다. 삶은 놀라운 신비요, 아
름다움이다. 그 순간순간이 아름다운 마무리이자 새로
운 시작이어야 한다.

― 법정 스님, 《아름다운 마무리》

스토리로 마음을 움직여라

고객에게 들려주는 스토리는 간결하고 균형이 잡
혀 있어야 하며, 메시지가 선명하고 명확하며 복잡하지 않아야 합니
다. 다소 과장법을 사용하고 가공의 이야기를 그려내지만 이야기를
듣고 고객 스스로 생각하도록 만들어야 합니다. 그리고 사고의 반전
(twist)을 일으킬 수 있어야 합니다.

주변에서 일어나는 여러 가지 사건과 사물들을 스토리화할 수 있도록 세심하게 관찰하다 보면 감동적인 소재들을 찾을 수 있습니다. 영화나 신문 혹은 주변 환경들이 모두 스토리 소재가 됩니다. 다양한 이야기들을 갖고 있다면 누구를 만나든 어떠한 상황이든 적절하게 활용할 수 있습니다.

어떤 시간관리 전문가가 경영학과 학생들에게 강의를 하기에 앞서, 테이블 밑에서 커다란 항아리를 하나 꺼내 테이블 위에 올려놓았습니다. 그러고 나서 주먹만 한 돌을 항아리 속에 하나씩 넣기 시작했습니다.

항아리에 돌이 가득 차자 그가 물었습니다.

"이 항아리가 가득 찼습니까?"

학생들이 이구동성으로 대답했습니다.

"예!"

그러자 그는 "정말?" 하고 묻더니, 다시 테이블 밑에서 조그만 자갈을 한 움큼 꺼내 들었습니다. 그러고는 항아리에 집어넣고 깊숙이 들어갈 수 있도록 항아리를 흔들었습니다. 주먹만 한 돌 사이에 조그만 자갈이 가득 차자, 그는 다시 물었습니다.

"이 항아리가 가득 찼습니까?"

눈이 동그래진 학생들은 "글쎄요"라고 대답했고, 그는 "좋습니다" 하더니, 다시 테이블 밑에서 모래주머니를 꺼냈습니다. 모래를 항아리에 넣고, 주먹만 한 돌과 자갈 사이의 빈틈을 가득 채운 후 다시 물었습니다.

"이 항아리가 가득 찼습니까?"

학생들은 "아니요"라고 대답했습니다. 그는 "그렇습니다"라고 말하면서 물 한 주전자를 항아리에 부었습니다. 그러고 나서 다시 물었습니다.

"이 실험의 의미가 무엇이겠습니까?"

한 학생이 대답했습니다.

"당신이 매우 바빠서 스케줄이 가득 찼더라도, 정말 노력하면, 새로운 일을 그 사이에 추가할 수 있다는 것입니다."

"아닙니다."

그는 즉시 부인한 다음 말을 이어나갔습니다.

"그것이 요점이 아닙니다. 이 실험이 우리에게 주는 의미는 '만약 당신이 큰 돌을 먼저 넣지 않는다면, 영원히 큰 돌을 넣지 못할 것이다'라는 것입니다. 인생의 큰 돌은 무엇일까요? 여러분이 하고 있는 프로젝트입니까? 사랑하는 가족들과 시간을 같이 보내는 것입니까? 여러분의 신앙? 재물? 승진? 사업? 우정? 신의? 봉사? 내 인생에서, 내 직업에서, 큰 돌이 과연 무엇인지 자신에게 물어보기 바랍니다. 여러분의 큰 돌이 무엇이 되었든, 그것을 항아리에 가장 먼저 넣어야 한다는 것을 절대 잊지 마십시오."

이 스토리의 메시지는 중요하고 소중한 것을 먼저 하라는 뜻입니다. 대개 사람들은 급한 일부터 먼저 합니다. 중요한 일을 찾아서 먼저 하지는 않습니다. 이런 고객들을 만났을 때, "고객님, 고객님 인생에서 가장 소중한 것이 무엇입니까? 그것을 먼저 하셔야 됩니다"라고 이야기해봤자 별 효과가 없습니다. 이럴 때 "인생이라는 항아리에는 소중한 것부터 채워야 한다"라며 설득력 있게 이야기로 풀어간다면 좀 더 쉽게 고객의 마음을 움직일 수 있을 것입니다.

한 번은 동료의 부탁으로, 주류 수입업을 하는 사장님과 만나는 자리에 동석을 하게 되었습니다. 동료는 그 사장님이 자신의 고등학교 동기인데 매우 논리적이고 냉철하여 대화를 나누기가 매우 어려운 사람이라고 귀띔해주었습니다.

인사를 나누고 이야기가 어느 정도 진행된 상태에서 그 사장님은 재무 책임자를 불렀습니다.

"우리 회사의 여유자금으로 보험에 가입할 여력이 있을까?"

"없습니다. 지금 K은행에 거래하시는 보험 상품만 해도 많습니다. 더 이상 여력이 없습니다."

동료의 얼굴에는 실망감이 나타났고, 이내 그 사장님은 미안한 표정으로 말했습니다.

"도저히 안 되겠네. 개인적인 보험도 이미 충분하고 회사 사정상 어렵겠네. 추후에 다시 한 번 이야기해보지. 그리고 이렇게 모처럼 만났는데 식사나 함께하세나."

식사를 하는 내내 분위기가 영 어색하고 그 사장님도 미안한 기색이 역력했습니다. 분위기도 전환할 겸 저는 스콧 피츠제럴드의 《위대한 개츠비》 이야기를 꺼냈습니다.

미국 중서부 노스다코타 주 빈농의 아들로 태어난 개츠비는 일찍이 출세할 꿈을 꿉니다. 제1차 세계대전 때 육군장교가 된 개츠비는 상류층 아가씨 데이지와 사랑을 나누었지만, 개츠비가 유럽 전선으로 떠나자 데이지는 부유한 남자와 결혼합니다. 전선에서 돌아온 개츠비는 '금주령'이 내려진 상황에서 밀수판매업으로 거부가 된 뒤, 남의 아내가 된 데이지를 쫓아가 뉴욕의 롱아일랜드에 대저택을 마련합니다. 그는 데이지의 마음을 돌리는 데 가까스로 성공하는 듯했으나, 결국 상류층의 습성에 젖은 그녀의 희생자가 되어 버림을 받고 사살됩니다. 이 소설은 1920년대 미국을 배경으로 황폐한 물질문명 속에서 '아메리칸 드림'이 어떻게 붕괴되어가는지를 묘사한 20세기 미국 소설의 걸작입니다.

저는 그 사장님을 응시하며 마치 이 이야기엔 아무런 목적이 없는 듯이 천천히 이야기를 이어나갔습니다.

그런데 개츠비의 후원자이자 친구였던 마이어 울프샤임이 정작 개츠비의 장례식에는 다른 중요한 일 때문에 참석하지 못한다는 짧막한 답장만 보내왔습니다. 그리고 "우정은 죽은 다음이 아니라 살아있는 동안에 보여주는 법이라는 것을 이해해주면 좋겠소. 그다음엔 모든 것을 모른척하고 내버려두는 게 내 삶의 원칙이라오"라는 말을 남깁니다.

이야기를 마치자 그 사장님은 잠시 고개를 숙였다가 이내 웃으면서 말했습니다.
"허허! 참 나, 알았습니다."
"알았네, 이 친구야. 내가 무엇을 하면 되겠나? 계약서 꺼내봐."
결국 그날 법인계약을 체결하고 동료와 가벼운 축배를 들었습니다. 아마도 그 사장님은 《위대한 개츠비》 이야기를 통해 '친구 간의 우정도 이성과 가족 간의 사랑도 결국은 살아 있는 동안 보여주는 것이 아닐까'라는 생각을 했을 것입니다.

소설뿐만 아니라 영화도 고객에게 인상적인 이야깃거리가 됩니다. 저는 가끔 고객들에게 〈버킷 리스트(Bucket List)〉라는 영화 이야기를 들려줍니다.

죽음을 앞두고 암 병동에서 우연히 만난 두 남자가 병원을 탈출해 생의 마지막 순간들을 즐기기 위해 유쾌한 여행을 떠난다는 이야기입니다. 흑인 자동차 정비사 카터(모건 프리먼)와 백인 억만장자 에드워드(잭 니콜슨)는 너무나 다른 환경에서 살아온 사람들이지만 죽기 전에 그동안 못 해본 일들을 해보자며 의기투합하고 버킷 리스트(버킷은 '죽다'는 뜻의 속어인 'kick the bucket'에서 나옴)를 만듭니다. 문신하기, 스카이다이빙, 카레이싱, 가장 아름다운 소녀와 키스하기 등.

영화 대사 가운데 이런 말이 나옵니다.

"저기 말이야. 고대 이집트인들은 죽음에 대해서 아름답고 멋진 믿음이 있다는군. 그들의 영혼이 하늘나라 입구에 도착했을 때 신은 그들에게 두 가지 질문을 한다는 거야. 그들의 대답에 따라 천국으로 갈지 못 갈지가 결정되는 거지."

"그 질문이 뭐였는데?"

"당신의 삶에서 기쁨을 찾았는가와 당신의 인생이 다른 사람들에게 기쁨을 가져다주었는가일세."

영화는 "만약 당신이 의사로부터 시한부 인생을 선고받는다면 당신의 버킷 리스트에는 어떤 일을 담을 것인가"라고 의미 있는 질문을 던집니다.

결국 버킷 리스트의 가장 상위목록에 들어가야 할 부분은 가족이라는 것을 말하고 있습니다. 가족은 때론 물과 공기처럼 늘 우리 곁에 있으니까 그 소중함을 모릅니다. 그러나 세상에서 가장 소중한 일은 가족에서 일어납니다.

세상에서 가장 아름다운 그림을 그리고 싶어 하는 화가가 있었습니다. 세상의 가장 아름다운 것을 그리기 위해 여행을 떠났습니다. 무지개를 그리기도 하고 서쪽하늘에서 아름답게 지는 저녁노을을 그리기도 했지만 화가의 마음에는 들지 않았습니다. 결국 화가는 낙담을 하며 지친 몸을 이끌고 집에 돌아왔고 때마침 저녁식사를 위해 오손도손 식탁에 둘러앉은 가족의 모습을 보게 되었습니다. 그 순간 화가는 느꼈습니다. 세상에서 가장 아름다운 그림은 바로 식탁에 단란하게 앉아 있는 가족의 모습이라는 것을.

이처럼 인간의 최고 가치는 가족일 수밖에 없습니다. 'Farther & Mother & I Love you'라는 어원을 가진 family라는 단어는 그 그림을 생각하며 만든 것처럼 보여집니다.

영화를 활용한 스토리는 정말 무궁무진합니다. 〈바람과 함께 사라지다〉의 "내일은 내일의 태양이 뜬다" 〈대부〉의 "친구는 가까이 두고 적은 더 가까이 두어야 한다" "그가 절대 거절하지 못할 제안을 할 거요" 〈카사블랑카〉의 "당신의 눈동자에 건배를" 〈터미네이터〉의 "I will be back" 등등 누구나 한 번쯤 들어봄직한 이야기를 활용한다면 고객은 당신에게 매료될 것이며, 고객 스스로가 소설 혹은 영화의 주인공이 되어 멋진 삶을 그려보게 할 수 있습니다.

누구나 다 아는 〈토끼와 거북〉 이야기를 통해 목표 설정과 부자에 대한 이야기를 해보겠습니다.

에이전트 〈토끼와 거북〉 이야기 아시죠?

고객 네.

에이전트 토끼와 거북의 경주에서 거북이 이겼습니다. 거북이 그 경주에서 이긴 이유는 아주 간단합니다. 토끼의 목표는 거북을 이기는 것이었고, 거북의 목표는 산꼭대기였습니다. 토끼는 거북만 앞서면 목표를 달성하므로 쿨쿨 잠을 잘 수 있었던 것입니다. 그러나 거북은 목표가 산꼭대기였기 때문에 토끼보다 앞서든지 뒤지든지 상관없이 묵묵히 끝까지 도전할 수 있었던 것입니다.

고객 듣고 보니 그렇네요.

에이전트 누구나 부자가 되고 싶은 꿈이 있습니다. 그러나 부자의 척도는 절대적이 아니라 상대적입니다. 우리가 경쟁해야 할 대상, 최후의 라이벌은 바로 자기 자신뿐입니다. 결국 자기 자신을 이기는 사람이 가장 강한 사람이기 때문입니다. 거북이 목표를 달성하고 자기 자신을 이긴 것처럼 고객님도 본인의 목표를 향해서 한 걸음 한 걸음 나아가기를 기원합니다.

다음은 재무설계라는 다소 딱딱하고 건조한 이미지를 동화를 활용해 부드럽게 풀어나간 박관수 에이전트의 사례입니다.

박관수 고객님, 혹시 〈토끼와 거북〉과 〈개미와 베짱이〉 이야기 아세요?

고객 알죠. 왜요?

박관수 그럼, 그 두 동화가 주는 의미도 아시겠네요?

고객 〈토끼와 거북〉은 토끼처럼 자만하지 말고, 거북처럼 목표를 정해놓고 성실히 가라. 그리고 〈개미와 베짱이〉는 풍요로울 때 준비하라는 얘기 아닙니까?

박관수 맞습니다. 그것이 바로 재무설계입니다. 명확한 인생의 목표를 세우고 꾸준히 실행하고 점검해가는 과정이며, 고객님이 말씀하신 이야기와 같은 거라고 보시면 됩니다. 그리고 살아가면서 돈이 필요할 때 필요한 만큼 준비되어 있도록 하는 게 재무설계의 목표입니다.

그리고 상반되는 두 사람을 비교해 돈을 모으는 이유와 목적, 돈이 자녀에게 어떤 영향을 미치는지를 그려주고 고객 스스로 답을 찾도록 유도합니다.

공무원으로 정년퇴직한 두 분이 있습니다. 한 분은 평소 투자에 관심이 많아 주변으로부터 투자지식과 정보를 듣고 이를 실천해 어느 정도 수익을 거두었고, 퇴직금도 당연히 본인이 관리하면 더 잘할 수 있다고 생각하여 일시금으로 수령하여 퇴직 시 10억 원의 자산이 있었습니다. 또 한 분은 투자는 물론 주변 상황에도 관심이 없어 개인적으로 연금만 가입해오셨습니다. 퇴직금도 매월 500만 원씩 연금으로 수령했습니다.

그런데 두 분 다 치매에 걸려 자식들이 요양병원으로 모셨습니다. 자산 10억 원을 가진 분의 자식들은 긴 병에 효자 없다고 나날이 악화되는 어머니를 돌보는 게 힘들고 어머니의 자산마저 점점 줄어드니 자식으로 가져서는 안 될 생각이 들더랍니다.

하지만 매월 500만 원씩 연금을 수령하시는 분은 매월 200만 원은 요양병원에 주고 300만 원은 자식 교육비와 생활비로 쓰고 있던 터라 자식들이 어머니의 병세가 악화되면 더욱 애절하고 극진히 모시더라는 겁니다.

재산(財産)이란 글자에서 재(財)도 산(産)도 중요합니다. 둘 다 공존해야 재산(財産)이 되니까요. 그런데 재(財)는 많으면 많을수록 불효자를 낳고 산(産)은 많으면 많을수록 효자를 낳는다고 합니다. 적절히 재(財)를 불리는 재(財)테크도 중요하지만 산(産)을 준비하는 산(産)테크도 필요하시겠죠. 즉 재물과 원활한 현금흐름이 필요합니다.

스토리는 이처럼 서로의 마음을 열게 하고 공감하게 하여 감정의 벽을 허무는 중요한 매개체입니다. 세일즈 현장에서도 적절한 스토리를 가미하면 쉽게 고객의 마음에 다가설 수 있고 진심을 전할 수 있습니다. 동화처럼 남녀노소 누구나 공감할 수 있고 쉽게 이해하고 받아들일 수 있는 이야기가 좋은 스토리입니다.

적절한 예화와 강한 인상을 남기는 스토리는 고객들의 마음에 파노라마가 일어나게 합니다. 그래서 시기적절하고 타이밍에 맞는 스토리로 고객에게 감동을 줄 수 있어야 합니다. 우리가 고객에게 알리고자 하는 바를 재미있고 생생한 이야기로 설득력 있게 이야기한다면 이로 인해 경제적 부가가치를 창출하는 데 한발 더 다가서게 될 것입니다.

속단하지 마라

우리는 영감을 기다리지 말아야 한다. 행동은 항상 감
감을 창조한다. 하지만 영감이 행동을 창조하는 일은
없다.

– 프랭크 티볼트

세일즈는 머리로 하는 게 아니다

'Don't be jumping to the conclusion'는 세일즈
의 편견으로부터 벗어날 수 있도록 만들어준 저의 중요한 좌우명입
니다. '결론으로 점핑하지 마라', 즉 '속단하지 마라 혹은 예단하지
마라'는 뜻입니다.

"곤충이 날 수 있는 이유는 자기 몸무게를 모르기 때문이다"라
는 말이 있습니다. 역학상 곤충의 날개로는 자신의 무게를 지탱할

수 없는데도 곤충들은 그것을 모르기 때문에 날 수 있다는 것입니다. 파리와 벌을 유리병에 넣고 주둥이 반대쪽을 햇볕이 들어오는 쪽에 두면 벌은 밝은 쪽이 입구 방향임을 알기 때문에 병의 아랫부분에서만 출구를 찾습니다. 벌은 계속 시도를 하지만 결국은 못 나가게 됩니다. 하지만 파리는 벌보다 머리가 나빠서 그런 걸 모릅니다. 무조건 아래든 위든 갈 수 있는 곳이라면 어디든 시도를 해봅니다. 그러다가 결국 입구를 찾아서 나가게 됩니다.

이 두 가지 이야기를 하는 이유는 세일즈는 머리로 하는 것이 아니라는 점을 이야기하기 위함입니다. 머리로 하면 예단 혹은 예상을 하게 됩니다.

구매심리 단계의 첫 번째 프로세스가 무지, 불신, 거부감입니다. 특히나 기존의 보험 세일즈 자체가 워낙에 인식이 좋지 않았기 때문에 보험 이야기를 꺼내면 대부분의 사람들이 거부감을 느끼고 거절부터 합니다. 그리고 전화를 받는 것조차 불편함을 느낍니다. 그래서 "세일즈는 거절로부터 시작한다"는 이야기도 있습니다.

하지만 이런 것들이 세일즈를 하는 데 좋은 기반이 되기도 합니다. 이제껏 좋은 인식으로 판매가 잘되어왔다면 세일즈의 장이 더욱더 좁아져 있었을 테니까요.

당신이 고객과 1차면담을 했다고 가정해봅시다. 고객은 당신의 이야기에 귀를 기울여주고 분위기도 좋았고 모든 것이 순조롭게 진행되었습니다. 그런데 2차면담을 가지려고 할 때 약속이 잘 안 된다거나 전화를 안 받는 경우가 많습니다. 혹여나 만났을 경우에도 보험 얘기를 못 꺼내게 한다든지, 반갑게 오라고 약속을 해놓고도 만나자마자 "하게 되면 너에게 할게. 그런데 지금은 못할 것 같아"라는 식으로 선거철 처리하는 경우도 많습니다. 이야기를 먼저 뚝 끊어버리는 것이지요. 이것이 첫 번째 좌절의 이유가 됩니다.

그래서 1차면담 때 비즈니스 타임(business time)을 확보하는 것이 중요합니다. 약속을 잡고 움직이는 것이 중요하다는 의미입니다. 1차면담 때 분위기가 좋아서 계약 성사율이 최고치에 달했다고 생각했는데 계약이 좌절되면 많은 실망을 하게 됩니다. 그래서 속단하지 마라, 예단하지 마라는 것입니다.

백제산부인과 김병국 원장님을 만났을 때의 일입니다.

처음 병원을 방문해서 "원장님, 지나는 길에 들렀습니다. 시간 좀 내주십시오. 3분이면 됩니다"라며 말문을 열었습니다. 그러자 그분은 약간 언성을 높이며 "엊그제도 보험에 관한 얘기 들었어요. 무슨 얘기를 또 들어요. 됐으니까 나가주세요."

그럼에도 불구하고 저는 나가는 원장님의 팔을 붙잡고 "3분만 시간을 주십시오"라고 요청했습니다.

백지 한 장을 꺼내 그 원장님의 재정적 가치와 보장의 필요성에 대해 적어가며 열정적으로 이야기했습니다. 또한 왜 의사와 같은 전문직 종사자에게 보장이 꼭 필요한지, 아버지로서 자녀들에게 해줄 수 있는 최고의 가치가 무엇인지에 대하여 열변을 토했습니다.

그런데 프레젠테이션을 마치고 나서도 반응이 좋지 않았습니다. 문을 나서며 "다음 주쯤 프로그램을 짜서 2차면담을 하러 오겠습니다" 하고 돌아왔지만 2차면담을 하러 가고 싶은 생각이 들지 않았습니다. 다음 주는 그렇게 지나쳤고 2주 뒤쯤 지나는 길에 시간이 생겨 잠시 들렀는데 놀랍게도 그분이 저를 기다리고 있었습니다.

제가 들어서자마자 그 원장님은 "지난주에 기다렸는데 왜 안 왔었어요?" 하는 것이었습니다. 첫 번째 면담이 꽤나 강력했던 모양이었습니다. 그러곤 2차면담이 이루어졌고 아주 기분 좋게 계약을 하게 되었습니다. 이후 그분은 제게 다른 사람들을 소개시켜주기도 했습니다.

보험은 정말 신기한 상품입니다. 자신의 필요에 의해서 가입한 경우에는 몇 십 만 원도 아깝지 않은데, 그다지 필요성을 느끼지 못했는데 에이전트의 권유로 가입한 경우에는 단돈 만 원도 아까운 게 보험입니다. 그래서 중도에 해약하는 사람들이 많습니다. 그러므로 반드시 고객의 필요와 욕구에 근거하여 세일즈를 해야 합니다.

우리는 대부분 아주 친한 친구들은 디테일한 세일즈 프로세스를 적용하지 않더라도 쉽게 가입해줄 것이라고 속단합니다. 하지만 아무리 친한 친구라 하더라도 무조건 가입을 권유하면 계약이 성사되지 않을 수 있습니다. 너무나 친하기 때문에 생기는 오류입니다.

세일즈는 반드시 프로세스나 활동의 부산물이어야 합니다. 사람과의 친밀도에 비례하여 가입해줄 것이라 기대하면 두 배의 상처와 좌절이 뒤따르게 됩니다.

우리의 비즈니스는 앞에서도 이야기했듯이 용서하는 비즈니스, 먼저 주는 비즈니스입니다. 또한 주고 또 주는 비즈니스입니다. 주는 비즈니스에서 대가를 바란다면 결코 크게 성취하지 못합니다.

　　많은 에이전트들이 부자들에 대한 속단과 예단을
가지고 있습니다. 부자들은 이미 여러 가지 보험 상품에 가입했을 거
라는 속단과 그들의 겉모습이나 직업적 특성만을 보고 부의 척도를
정해버리는 예단 때문에 여러 가지 예상치 못한 일들을 겪습니다.
다음은 박재완 지점장의 사례입니다.

　　제 고객 가운데, 라면 배달 전문점을 운영하는 분이 있습니다. 그
분을 방문할 때마다, 주방에서 항상 라면을 끓이시는 한 아주머니가
눈에 띄었습니다. 삶에 찌든 힘겨운 모습이 온 몸에 역력히 나타나는
아주머니였습니다. 그러던 어느 날 그 아주머니가 저에게, 항상 성실
하게 고객을 대하는 모습을 보니 굉장히 궁금했다며 '뭐 하시는 분인
지' '어느 회사에 다니는지' 관심 어린 질문을 하기 시작했습니다.

　　그러면서 본인은 지금 보험에 가입할 여력이 없고 구미에 살고 있
는 여동생이 있는데 한번 가서 상담에 응해줄 수 있냐고 물었습니다.
저는 그 아주머니의 겉모습만 보고 여동생 역시 가입할 여력이 없겠
거니 생각하면서 별 기대 없이 전화를 건 뒤 가정방문을 했습니다. 그
런데 저의 예상과는 달리 여동생은 고급 아파트에 살고 있었으며 남
편은 대기업 임원으로 근무하고 있었습니다. 저는 그날 상담을 통해
4건의 가족보험 청약에 성공했습니다. 그리고 남편 분의 소개로 많은
분들을 고객으로 모실 수 있었습니다. 이후 그 식당 아주머니 또한 저
의 고객이 되셨습니다.

　　만일 제가 겉으로 보이는 외모만으로 사람을 판단하고 연락을 취

하지 않았다면 제게 주어진 좋은 기회를 놓치고 말았을 것입니다. 이후 고객을 함부로 속단해서는 안 된다는 자기반성을 했습니다.

기본에 충실하면 본질에 다가갈 수 있다

다음은 고객의 속단과 거절을 극복하는 과정을 잘 보여준 권오덕 에이전트의 이야기입니다.

저는 보험 에이전트 일을 시작하면서 아는 사람이 많지 않아 모든 분들을 하나하나 개척을 통해 만났습니다. 그중에 특별히 기억에 남는 분이 있습니다. 그분은 내과 원장님이셨는데 처음 만났을 때부터 보험에 대한 편견이 너무 심했습니다. 첫날 문전박대를 당하니 오기가 생기더군요. 그래서 어떻게 하면 다른 사람들과 다르게 내 마음을 전할 수 있을까 고민하다가 정성스럽게 편지를 한 통 보냈습니다. 그리고 두 번째 방문을 했고 원장님이 조금씩 조금씩 마음의 문을 열어나갔습니다. 방문한 지 43번째 만에 마침내 계약을 체결할 수 있었습니다.

대부분의 자산가들은 보험에 대한 필요성을 잘 느끼지 못합니다. 돈도 부족하지 않고 보험에 대한 불확실성과 보험을 업으로 하는 사람들에 대한 막연한 불신으로 아무리 차별화를 하려 해도 굳게 닫힌 마음의 문을 열기가 쉽지 않습니다.

권오덕 에이전트는 이러한 고객의 속단을 편지를 이용해 극복했습니다.

　우리에게 진정으로 필요한 재물은 무엇일까요? 그것은 바로 부모인 듯합니다. 아이에게 최대 보험은 아빠입니다. 우리의 존재만으로도 너무나 해맑은 우리 아이들, 엄마 아빠가 돈이 있든 없든 그 존재감만으로도 행복하게 웃어주는 아이들을 보면 자꾸 눈물이 핑 돕니다. 우리는 가장으로서 자녀를 지킬 의무가 있습니다. 가정과 행복을 지킬 의무가 있습니다.

　하지만 이 땅의 재물로는 그것을 지킬 수 없습니다. 제 이야기를 통해서 원장님이 생각하는 진정한 행복의 가치, 가족의 가치, 사랑의 가치를 알게 되셨으면 합니다. 다음번에 다시 신시하게 이야기를 나눌 수 있는 시간을 가졌으면 좋겠습니다.

권오덕 에이전트는 '행복한 부자론'을 일관성 있게 계속 이야기합니다. 그리고 지속적인 만남과 진솔한 편지를 통해 고객의 마음을 열었고, 지금은 그 원장님의 자녀와 배우자까지 자신의 고객으로 만들었습니다.

　원장님의 치료가 환자들의 건강을 되찾게 해주고 가족과 행복하게 살아갈 수 있도록 해줍니다. 환자들에게 원장님은 희망입니다.

　환자뿐만 아니라 자녀들 역시 원장님이 전부입니다. 이 아이들의 경제적 안정과 인생의 리스크에 대한 부분을 최소화할 수 있도록 미리 준비해두어야 합니다. 마냥 원장님의 건강을 장담할 수 없을뿐더러, 남들보다 풍족한 경제적 여유가 행복을 가져다준다고 보기도 힘듭니다.

장차 자녀들에게 가장 소중한 것은 무엇일까요? 돈일까요? 아닙니다. 가족입니다. 원장님이고 사모님입니다. 이것은 경제적으로 환산할 수 없습니다. 자녀들에게 유형의 것을 선물하기보다는 사랑을 담아서 무형의 것을 선물한다면 여느 아이들과는 다르게 성장할 것입니다. 사랑으로 가득 찬 '행복한 부자'가 될 것입니다.

권오덕 에이전트에게는 심장병 수술을 4번씩이나 하고 호르몬 치료를 받고 있는 아이가 있습니다. 그 아이를 보면서 생명보험과 아버지의 역할이 참으로 비슷하다는 생각을 많이 가졌다고 합니다. 처음에는 아는 사람도 별로 없고 아이가 아파서 큰 성과를 내지도 못했습니다. 그러나 차츰 고객들이 많아졌고 업적도 상승하고 있습니다.

기본에 충실하면 본질에 가까이 갈 수 있다는 것을 권오덕 에이전트는 잘 보여주고 있습니다. 돈으로 침대를 살 수는 있지만 행복한 잠자리는 살 수 없습니다. 행복은 우리가 만들어가는 창작품이기 때문입니다.

열정의 온도

언젠가, 함부로 밟고 지나 마라
너는
누구에게 한 번이라도 뜨거운 사람이었느냐?

— 무딕 군, 《너에게 묻는다》

힘들다 생각되면 열정의 온도를 높여라

제가 아는 선배 중에 철저한 정신수양을 하는 분이
계십니다. 한마디를 하더라도 철학적이고 뜻 깊고 좋은 말씀을 많이
하십니다. 그분은 늘 "박수를 치고 따뜻한 물을 마시면 모든 병으로
부터 멀어진다"라고 하셨습니다. 그 말을 처음 들었을 때는 잘 이해
가 되지 않았습니다. 그런데 얼마 전에 《체온 면역력》이라는 책을
읽다가 이와 비슷한 이야기를 발견했습니다.

암을 비롯한 각종 성인병, 아토피 환자들은 체온이 36도 이하이다. 말기암 환자의 체온은 35~35.5도 정도이며, 물에 빠졌다가 구조되어 죽느냐 사느냐의 기로에 있는 사람의 체온은 34도 정도이다. 30도 이하가 되면 의식을 잃고 27도에 이르면 숨을 멈추게 된다. 반대로 체온을 올리면 살아나고, 건강해지고, 활력이 넘치게 된다.

이처럼 체온은 건강과 큰 연관성을 지니고 있습니다. 일정하게 체온을 유지하면 건강을 지키는 데 있어 큰 도움이 되는 것처럼 세일즈에 있어서는 열정의 온도가 중요합니다.

세일즈의 99퍼센트 이상이 열정으로 이루어지므로 열정의 온도는 매우 높아야 합니다. 내가 뜨거워야 상대방을 뜨겁게 할 수 있습니다. 세일즈는 모티베이션(motivation)이라고 했습니다. 본인 스스로가 차갑고 냉소적이라면 다른 사람을 뜨겁게 할 수 없습니다. 반대로 열정적이고 뜨거운 사람이라면 상대방을 가슴 뛰게 할 수 있습니다.

열정의 온도를 높이는 데 있어 무엇보다 생각과 태도가 중요합니다. 어떠한 생각을 가지고 어떻게 행동하느냐에 달려 있습니다. 열린 사고와 개방적인 자세로 상대방을 배려한다면 색다른 시야를 갖게 될 것입니다. 항상 편하고 쉬운 길을 찾다 보면 두려움이 생기고 생각이 많아지고 복잡해집니다. 두려움을 걷어내면 용기가 보입니다. 내가 뜨거워지면 결단력이 빨라지고 실행력이 커집니다. 잠재력은 많지만 한계를 극복하지 못하면 항상 같은 자리에 머물게 됩니다.

한 젊은이가 술집 종업원으로 취업했습니다. 그에게 첫 직장인 그곳은 꼭 넘어야 할 인생의 첫 번째 난관이었습니다. 그는 열심히 일해서 자신의 울타리를 꼭 벗어나겠다고 굳게 다짐했습니다. 그런데 예상치 못했던 일이 벌어졌습니다.

사장이 그에게 변기 닦는 일을 시킨 것입니다. 그것도 새것처럼 광이 나도록 닦아야 했습니다. 매일 울렁거리는 속을 달래며 마지못해 변기를 닦았지만 점차 일에 회의를 느끼며 앞으로 계속해야 할지 고민에 빠졌습니다.

한참 망설이고 있었는데 한 선배가 그를 다독여주며 직접 변기 닦는 시범을 보여주었습니다. 선배는 변기에서 빛이 날 때까지 닦고 또 닦더니 마지막에는 변기에서 물을 떠 단숨에 들이켰습니다. 아무렇지도 않게 물을 떠먹어도 될 때까지 변기를 닦아야 하고, 이것이 결코 불가능한 일도 아니라는 사실을 가르쳐준 것입니다. 그날 이후 그는 불만이 생길 때마다 이렇게 마음을 다잡았습니다.

'설령 평생 변기만 닦더라도 반드시 최고로 잘 닦는 사람이 되어야 해!'

그는 완전히 다른 사람이 되었습니다. 변기 닦는 수준도 흠잡을 데가 없었고 자신에 대한 믿음과 일에 대한 자신감을 높이기 위해 여러 차례 물을 떠마셨습니다. 그로부터 몇 십 년 후, 그는 전 세계적인 체인망을 가진 숙박업계의 거물이 되었습니다. 그가 바로 힐튼호텔의 설립자 콘래드 힐튼입니다.

그의 열정의 온도는 과연 몇 도일까요? 분명 99도가 아닌 100도일 것입니다. 99도와 100도는 수치상으로는 1도 차이에 불과하지만 그 미세한 차이로 끓는점이 달라집니다. 이는 우리네 삶이 불꽃처럼 열정을 요구한다는 의미입니다.

스스로를 불태워본 사람만이 또다시 열정의 불꽃을 피울 수 있습니다. 감기에 걸리면 면역력을 높이기 위해서 체온이 더 뜨거워지는 것처럼, 힘들다 생각되면 슬럼프다 여겨지면 열정의 온도를 더 높여야 합니다. 자연의 섭리처럼 그것이 성공 메커니즘입니다.

아름다움은 열정의 온도로 결정된다

연예인들은 TV에 나올수록 신인 때보다 예뻐지고 세련되어지는데, 이것을 '카메라 마사지 효과'라고 합니다. 카메라에 많이 노출될수록 마사지 효과가 발생해 더욱 예뻐진다는 것입니다. 아마도 많은 사람들의 시선과 관심을 받다 보니 더욱더 자신에 대한 관심과 열의가 많아져서 그런 게 아닌가 싶습니다.

세일즈 세계에서도 본인에 대한 관심은 매우 중요한 작용을 합니다. 많은 고객을 만날수록 세일즈 능력이 향상되고 더욱 세련되어집니다. 물론 무조건 오랫동안 한다고 그렇게 되는 것은 아닙니다. 많은 사람들을 만나고 많은 고객들을 감동시킬 때, 이로 인해 자기 자신과 일에 대한 열정이 높아질 때 더욱 성숙되고 아름다워집니다.

프랑스의 소설가 발자크는 "그 사람의 얼굴은 한 권의 책이자 하나의 풍경이다"라고 말했습니다. 20대, 30대의 아름다움이란 자연이 준 아름다움이지만 40대, 50대의 아름다움은 업적과 성취의 아름다움입니다. 나이가 들수록 아름다워진다는 것은 업적과 성취가 다른 사람으로 하여금 감동을 불러일으키고 많은 시선을 한 몸에 받아 열정의 온도가 높아진다는 이야기입니다.

여러분의 삶의 온도는 과연 몇 도일까요? 살아가는 방식과 가치관에 따라 사람들의 열정의 온도는 각기 다르게 형성됩니다. 자신이 프로라고 만족하는 순간부터 열정의 온도는 낮아지기 시작합니다.

스티브 잡스는 결핍으로부터의 열정을 잘 보여주는 대표적인 인물입니다. 미혼모의 아들로 태어나 태어난 지 일주일 만에 입양되어 양부모의 손에 자랐으며, 대학에 입학했지만 돈이 없어서 중퇴를 했습니다. 그는 항상 부족했습니다. 그리고 지금도 부족하다고 말합니다.

얼마 전 우연히 라디오에서 "우리가 열정을 갖게 되는 데는 여러 가지 이유가 있습니다. 그중에는 '결핍으로부터 느끼는 열정'도 있습니다"라는 말을 들었습니다. 저는 이 말에 굉장히 공감했습니다. 경제적으로 아주 궁핍한 생활을 하면 사람들은 열정을 갖게 됩니다. 물론 궁핍을 열정화할 때 에너지화할 때만 해당하는 말입니다. 예를 들어 돈에 대한 갈망을 느끼고 그것을 에너지화할 때 돈을 벌겠다는 열정이 생기는 것입니다.

부모에게 사랑을 못 받고 자랐을 경우, 자식을 지극정성으로 키우는 사람들이 많습니다. 배우자와의 관계가 나쁠 경우에도 의외로 자식에게 올인하는 사람들이 많습니다. 이것도 하나의 '결핍으로부터의 열정'입니다. 이런 것들도 열정으로 승화시키면 우리의 삶과 일에 큰 도움을 줄 수 있습니다.

저는 세일즈 일을 시작하면서 일정한 수준에 오를 때까지 한 끼에 오천 원이 넘는 밥은 먹지 않았습니다. 계약을 하지 못한 날엔 아예 굶기도 했습니다. 계약이 안 되거나 심리적으로 어려운 상황에선 절대 술도 마시지 않았습니다. 결핍으로부터의 열정을 잘 알고 있었기 때문입니다.

그리고 채워지는 순간 다시 깨끗하게 비울 수 있어야 합니다. 진 공묘유(眞空妙有)라고 했습니다. '진심으로 비우면 묘하게도 채워진 다'는 뜻인데, 진심으로 비우는 순간 정말 신기하게도 새로운 자신감과 열정이 싹틉니다.

열정의 온도를 지킬 수 있는 시스템을 만들어라

차가운 방의 온도를 처음 올리는 것이 힘들지 일단 따뜻해지고 나면 그다음부터는 보일러를 조금만 틀어도 온도를 유지할 수 있습니다. 세일즈도 마찬가지입니다. 한 번 뜨거워진 열정의 온도를 잘 유지한다면 지속적인 성과를 거둘 수 있습니다.

따라서 자신과 고객을 관리할 수 있는 시스템을 만들어야 합니다. 자신의 관리를 위해서는 정신적, 육체적인 트레이닝이 꼭 필요합니다. 정신적인 트레이닝이라 함은 책과 영화를 보면서 정신적으로 동기부여를 하는 것이고 육체적인 트레이닝은 등산, 헬스, 수영 등을 통해서 신체적으로 동기부여를 하는 것입니다. 고객들에게는 지속적으로 우편물, 생일카드 등을 보내서 항상 가까이 있음을 느끼게 해야 합니다.

우리 회사에서 시행하는 컨벤션이나 MDRT행사(전 세계 MDRT 멤

버들이 미국, 캐나다 등에서 1년에 한 번 모이는 보험인들의 꿈의 무대)는 열정의 온도를 유지할 수 있는 최고의 시스템입니다. 왜소증 때문에 늘 전동휠체어를 타고 10년 이상 MDRT 행사에 참석하고 계시는 분이 있습니다. 생명보험 에이전트에게 최고의 영예로 여겨지는 MDRT 회원이 되는 것은 쉬운 일이 아닙니다. 그런데 장애를 안고 계신 분이 그것도 10년 이상 MDRT 행사에 참석한다는 것은 기적 같은 일입니다. 이건 열정의 마술입니다. 그분의 열정에 절로 박수를 보내게 됩니다.

다음은 박재범 에이전트의 사례입니다. 열정의 온도를 올리려면 어떤 자세를 갖춰야 하는지를 잘 보여줍니다.

아르바이트 한 번 해본 적이 없고 직장생활도 관리부서에서만 근무했던 저는 보험회사 세일즈맨이 되었을 때 정말 막막했습니다. 누구 하나 격려해주는 사람이 없었고, 지인들도 다들 "다른 사람은 몰라도 너는 이 직업에 맞지 않다"라고 입을 모았습니다.

처음 입사하면 한 달간 신입교육을 받습니다. 하루는 담당 매니저가 시내 한복판에 저를 혼자 내려두곤 명함 50장을 받아오라는 미션을 주고 떠나버렸습니다. 2대 8 가르마에 검은색 양복을 입고 한 손엔 007가방을 든 저는 너무나 막막했습니다. 2시간 동안 몇 군데 가게에 들어갔지만 명함을 1장도 받지 못했습니다.

한참을 고민하다가 오기가 생겼습니다. 그래서 양복 윗도리를 벗어 손에 걸치고 머리도 조금 흩뜨리고 무작정 아무 가게나 들어갔습니다. 그리고 크게 인사를 한 뒤 가슴을 펴고 이렇게 외쳤습니다.

"신입사원 실습 나왔는데 뭐 도와드릴 일 없습니까?"

꽃집에 가서는 화분 정리하고 명함 받고, 식당에 가서는 신발 정리하고 또 1장 받고, 근처 도장 파는 가게에서는 사정해서 1장 받고……. 결국 6시간 만에 명함 50장을 받는 데 성공했습니다.

그때의 경험이 고객들을 만나는 두려움을 없애주었고, 상당히 많은 실적을 올리는 전환점이 되었습니다.

목소리를 바꾸고 행동을 크게 하고 고객에게 다가설 수 있어야 합니다. 처음의 거절이 당신을 부끄럽게 할 수는 있겠지만 열 번 이상 거절을 받으면 더 이상 부끄럽지 않습니다. 당연한 걸로 받아들일 수 있게 됩니다. 그때부터 창의성이 생기고 주도적으로 일을 추진해나가는 힘이 생깁니다.

인생의 불꽃 온도를 높여보시기 바랍니다. 온도를 높여 현재에 만족하지 않고 끊임없이 노력하며 창조적인 행동을 하다 보면 분명 힘과 용기를 가질 수 있게 될 것입니다.

때로는 순환이 필요하다

이스라엘 안에는 두 개의 내해가 있습니다. 하나는 갈릴리해이고 또 하나는 사해입니다. 담수인 갈릴리해에는 수많은 물고기들이 살고 있습니다. 해변에는 갖가지 나무들이 늘어서 있고, 여러 종류의 새들이 몰려옵니다. 이와 달리 사해의 물은 염분 농도가 높아 사람이 물에 들어가도 가라앉지 않고, 물속에는 물고기가 살지 않습니다. 해변에는 나무가 없을뿐더러 새가 노래하지도 않습니다.

이런 극명한 차이가 나타나는 이유는 단 한 가지 때문입니다. 갈릴리해는 요르단 강으로부터 물을 받아들여 사해로 흘려보내지만 사해는 흘러드는 물을 모두 자기 것으로 만들어버립니다. 갈릴리해는 베풀기 때문에 늘 신선하게 살아 있지만, 사해는 모든 것을 그저 끌어안고만 있기 때문에 죽음의 바다가 되어버린 것입니다.

물이 순환해야 하듯, 사람 역시 타인에게 베풀어야 합니다. 베푸는 사람은 그 이상의 배려로 보답받게 마련입니다. 이것은 세계 어디서나 통하는 원칙입니다. 주고받는 것이 원활해야 모든 것이 순조롭게 풀려나갑니다. 이것이 삶의 유연성입니다.

세일즈를 할 때에도 다른 사람들과 노하우를 공유하고 가르쳐주는 사람이 있고 그렇지 않은 사람이 있습니다. 전자는 자신의 것을 남에게 마냥 내주는 것처럼 보이지만, 사실은 자신의 스킬과 지식은 더욱 향상됩니다. 가르쳐주면서 본인이 더 많이 배우고 성장하게 되는 것이죠. 베풀수록 본인이 더 많은 것을 얻게 되는 원리입니다. 그래서 열정의 온도를 높이는 것도 중요하지만 그 뜨거운 온도 못지않게 '순환'이 중요한 것입니다.

세일즈
휴머니즘

힘으로 타인의 마음을 다스리는 사람은 폭군이고, 타인에게 마음을 예속시키는 사람은 노예다.

– 잉거솔

세일즈 속에서 빛나는 휴머니즘

세일즈 현장을 흔히들 전쟁터에 비유하곤 합니다. 그만큼 치열하고 급박한 상황이 많이 벌어지고 있기 때문입니다. 때때로 뺏고 뺏기는 고지처럼 고객을 서로 차지하려고 다투는 상황들이 발생하지만, 세일즈맨들은 스스로를 보호하고 인격적으로 대우받을 수 있는 건전한 세일즈 관행을 만들어나가야 합니다.

포항의 모 안과 원장님을 만났을 때의 일입니다.

"원장님, 이제 계약하시죠."

이야기가 순조롭게 진행되어 계약을 하려는 순간이었습니다. 그런데 그 원장님은 마지막 결정을 못 내리고 망설이고 있었습니다. 저는 다시 한 번 큰소리로 말했습니다.

"이제 결정하셔야 합니다."

그때 그 원장님은 다른 보험 에이전트 이야기를 하시면서 그 사람에게 꼭 하고 싶다고 말했습니다. 그 사람은 저의 선배였습니다. 그래서 그 순간 저는 "정말 그 선배에게 하시는 겁니까?"라고 물었습니다.

원장님은 그렇다고 대답하면서 다음과 같이 말했습니다.

"김창국 씨는 프레젠테이션을 아주 잘하십니다. 많은 분들이 김창국 씨의 고객이 되는 이유를 알겠습니다. 그래서 말인데, 저는 다른 분의 고객이 되겠습니다. 그 사람은 제 후배인데 영업을 너무 못하는 것 같습니다. 제가 안 도와주면 누가 계약을 하겠습니까?"

그 이야기를 듣고 저는 무척 감동을 받았습니다.

"원장님은 참 가슴이 따뜻하신 분입니다. 꼭 그분에게 좋은 보장을 받으시고 우리 회사의 고객이 되셨으면 합니다. 그분도 고객에게 최선을 다하는 분입니다."

저는 바로 그 자리에서 그 선배에게 전화를 걸어 그 원장님이 선배에게 계약하기로 했음을 알리고, 원장님께 향했던 내 눈빛과 펜을 접었습니다.

나중에서야, 그 원장님이 발달장애를 안고 있는 아들의 교육을 위해 최선을 다하고 있다는 얘기를 들었습니다. 그러다 보니 다른 사람들보다 더 가슴이 따뜻하고 정이 많은 거구나 하는 생각이 들었습니다. 그 원장님은 가슴 따뜻한 가장의 모습을 제대로 보여주었습니다. 가끔씩 사람들에게 그분 이야기를 들려줄 때면 아직도 마음 한쪽이 훈훈해집니다.

듣는 이보다 말하는 내 가슴이 더 따뜻해져야 한다

밤에는 대리운전을 하고 낮에는 그림을 그리는 화가를 고객으로 만난 적이 있습니다. 그분은 제가 제시한 플랜을 흔쾌히 받아들였고 잠시 자신의 이야기를 들려주었습니다.

"원래 저는 고등학교 미술 선생님이었습니다. 그런데 편안하게 애들 가르치면서 월급을 받으며 그림을 그린다는 것이 왠지 불편했습니다. 삶의 현장에서 몸으로 부딪히면서 그림을 그리고 싶어 직장을 그만두었습니다. 몸은 힘들지만 삶을 제대로 느낄 수 있는 살아 있는 그림을 그리고 있다는 사실에 만족하며 살고 있습니다."

그러고는 이렇게 덧붙였습니다.

"김창국 씨 하시는 일도 예사롭지 않겠습니다. 일과 사람들을 통해서 많은 것을 배우고 깨우치시겠네요. 어떻게 보면 행각승(行脚僧) 같다고 할까요?"

그 말을 듣는 순간 '우리가 하는 일이야말로 사람들을 통해서 배우고 인생을 깨우치는 일이다'라는 생각이 들었습니다. 그분은 순수한 열정으로 그림을 그리기 위해서 본인의 모든 기득권을 포기했습니다. 어떤 자세로 자신의 일에 임해야 하는지를 다시 한 번 느끼게 해준 소중한 만남이었습니다.

　이번에는 전지현 에이전트의 사례를 들어보겠습니다. 지인의 소개로 만난 삼십 대 중반의 중소기업체 과장님과의 상담 내용입니다. 보험 에이전트는 모든 문제를 해결해주는 사람이 아니라 고객과 함께 고민하고 같이 해결책을 모색하는 동반자란 사실을 고객에게 심어주기 위해서 그는 다음과 같은 이야기로 말문을 엽니다.

　광화문 앞을 버스를 타고 지나가고 있는데 어느 빌딩에 현수막이 걸려 있었습니다. "네가 자주 찾아가는 곳, 네가 자주 만나는 사람, 그리고 네가 읽는 책들이 너를 말해준다." 그 내용이 참 가슴에 와 닿아서 메모를 한 뒤 고객님들에게 그 내용을 전해드리곤 합니다. 저 또한 필요한 사람 또는 만나서 도움이 되는 사람이 되고 싶은 제 욕심이 그 글귀에 녹아 있기 때문입니다. 그것이 제 소망이기도 하구요!

　그리고 그는 행복이라는 것이 꼭 돈이 많아서, 지위가 높아서, 사회적인 명성이 커야 이루어지는 것이 아니라는 점을 구두닦이 부부의 이야기를 통해 가슴속에 스며들게 합니다. 누구나 한 번쯤 보았을 것 같은 장면을 잔잔한 영화를 감상하듯이 서정적으로 이야기하는 그는 탁월한 이야기꾼입니다.

　지난 가을 이 세상에서 가장 아름다운 식사를 하고 있는 부부의 모습을 보았습니다. 구두를 닦는 부스 안에서 듣지도 못하고 말하지도 못하는 장애 부부가 점심식사를 하고 있었습니다. 말 못하는 부부가

좁고 냄새 나는 구두 부스 안에서 서로의 입에 반찬을 챙겨 넣어주는 모습이 너무나 감동적이었습니다. 조금이라도 더 먹으라고 반찬을 남편의 입으로 가져다주는 아내의 모습이 제 가슴 깊이 남아 있습니다.

그 부부는 아무리 어려운 형편이지만 서로가 서로를 위해서 등을 기댈 수 있는 상대, 그리고 세상을 살아가면서 일어날 수 있는 많은 역경과 고난을 같이 나눌 수 있는 배우자의 모습을 보여줬습니다. 그 부부에 대해 어쩌면 초라하고 불행할 것이라는 선입견을 갖고 있었는데, 부부로 살려면 이 정도는 되어야 한다는 본보기를 보여주는 것 같았습니다. 정말 행복한 모습이었습니다.

수익률을 좀 더 높이는 문제도 중요하고, 이자를 조금 더 받는 금융상품을 찾는 것도 굉장히 중요합니다. 이 또한 우리가 해야 할 일이기도 합니다. 그렇지만 그 이전에 행복하게 산다는 게 뭔지, 왜 재산을 모아야 하고, 이 재산을 누구를 위해서 써야 할지, 그리고 내가 가고자 하는 인생목표에 재산과 돈이 어떤 역할을 하는지 한 번쯤 고민해야 되는 시간이 있어야 하지 않을까요?

전지현 에이전트는 본인과의 상담의 필요성을 이렇게 멋지게 표현하기도 합니다.

인천공항에서 비행기가 이륙을 합니다. 이 비행기가 미국으로 갈지 중국으로 갈지 또는 독일로 갈지 행선지가 정해져야 그에 합당한 연료를 채울 것입니다. 또 그 항로의 날씨가 어떤지 기상상태를 파악해야 합니다. 이러한 선행작업이 안 되어 있으면, 어디로 날아가야 할지 얼마만큼의 비행을 해야 할지 알 수가 없습니다. 그리고 안전한 비행을 위한 점검사항들도 출발하기 전에 미리 챙겨두지 않으면 안 됩니다.

물론 이런 이야기로 상담한다고 해서 모든 고객이 청약서에 서명을 하는 것은 아닙니다. 그리고 앞서 언급한 구두닦이 부부의 이야기를 들려줄 때 더러는 삶에 찌들려서 이런 이야기에 귀 기울일 여유조차 없는 사람도 있을 것입니다. 또 어떤 사람은 뻔한 이야기라며 딴전을 피우기도 할 것입니다.

그러나 어쩌면 이런 삶의 이야기는 나 자신에게 하고 있는 이야기일지도 모릅니다. 그래서 듣는 이보다 내 가슴이 더 따뜻해질지도 모릅니다. 그렇게 되어야 합니다. 나는 입으로 이야기를 하고 듣는 이가 가슴으로 받아들이길 바란다면 그것은 어불성설입니다. 내가 가슴으로 이야기할 때 듣는 이도 가슴으로 받아들이고 공감합니다. 즉 내가 경험하지 못했거나 다른 사람에게 들었던 이야기지만 내 가슴이 공감하지 못하고 그저 옮기는 수준의 이야기라면 듣는 이의 마음을 움직이지 못합니다.

업을 사랑하면 모든 것을 사랑하게 된다

우리 동네에 '지산 곰장어'라는 곰장어 가게가 있는데, 가끔씩 들러 사장님과 대화를 나누곤 합니다. 하루는 그 사장님에게 매우 흥미로운 이야기를 들었습니다.

가게를 개업하고 한동안 곰장어들이 서로 싸우는 바람에 손실이 컸습니다. 특히 제가 가게를 비우면 그런 일이 더 많이 발생했습니다. 그래서 곰장어에게 관심을 기울이면서 "그래, 곰장어 너희들 덕분에 내가 먹고 산다"라고 이야기하면서 장사를 했더니 웬일인지 자기들끼리 싸우는 일도 줄어들고 죽어나가는 일도 없었습니다.

이와 비슷한 이야기를 한 여성 보험 에이전트에게도 들었습니다. 그녀는 보험 일을 하기 전에 백화점 의류매장에서 숍매니저로 일했는데, 억대 연봉에 가까운 돈을 받던 매우 유능한 분입니다.

본사에서 신상품들이 도착하면 디스플레이를 할 때 유독 정이 가는 옷이 있어요. 그런 옷들을 마네킹에 입혀 제일 앞에 진열하면서 대화를 하곤 했죠. "너 오늘 꼭 밥값 해야 한다." 그러면서 마네킹 엉덩이를 두드리며 사랑을 줍니다. 그러면 희한하게도 그 옷은 엄청나게 팔려나갔어요.

곰장어에게 말을 걸고 옷에 마음과 사랑을 주니 그 마음이 전달된 것입니다. 이처럼 생물이든 무생물이든 자기가 파는 상품, 자기가 하는 일을 사랑하는 세일즈맨은 고객을 진정으로 아끼는 마음을 갖고 있기 때문에 고객에게도 최선을 다합니다. 저는 이것이 세일즈 휴머니즘이라고 생각합니다.

전쟁터에서 고지를 향해 돌진을 하는 순간에도 적과의 전투에서 아군의 부상자가 많이 발생하고 전사자가 속출하면 일단 후퇴하여 부상자를 돌보는 것이 전쟁터에서의 휴머니즘입니다. 그래야 계속 싸울 수 있는 힘이 생깁니다. 아무리 승리가 중요한 전쟁이지만 휴머니즘이 있는 승리여야 합니다. 인간이 만들어낸 최악의 창조물인 전쟁 중에도 휴머니즘은 큰 힘을 발휘합니다.

우리는 살아가면서 많은 인간관계를 맺게 되고, 다양한 친구와 사귀면서 서로를 발전시킵니다. 가장 훌륭한 인간관계는 자신보다 상대방을 먼저 배려하는 인간애를 바탕으로 했을 때 이루어집니다.

휴머니즘에 기반하여 고객과 진정한 관계를 맺는다면, 이것이야 말로 피플 비즈니스(people business)에 있어서 최고의 가치가 될 것입니다. 휴머니즘은 '직무'가 아닌 '소명'입니다. 이렇게 될 때 고객은 '고마움을 넘어 신뢰'를 갖게 될 것이고, 세일즈맨은 고객에게 소명을 다했다고 말할 수 있습니다.

2부

세일즈왕이 되는
스토리텔링의 법칙

모든 비즈니스가 그렇지만 특히 세일즈는 사람이 중심이자 목표
여야 합니다. 그래서 저는 세일즈를 '피플 비즈니스'라고 생각합니
다. 눈부신 성과를 자랑하는 세일즈맨들은 상품의 효용가치를 자랑
하지 않습니다. 그들은 사람의 마음을 움직이는 세 가지 법칙을 알
고 있습니다. 그것이 바로 '사랑, 인력, 관성의 법칙'입니다. 세일즈
맨은 이 세 가지 법칙을 항상 염두에 두어야 합니다.

부동산 재벌 도널드 트럼프는 자신이 성공하게 된 첫 번째 비결을 "일을 사랑하게 된 것"이라고 말합니다. 문화재청장이었던 유홍준 교수도 "사랑하면 알게 되고 알게 되면 보이나니 그때 보이는 것은 전과 같지 않다"라고 말했습니다. 사랑하게 되면 프레임이 달라지고 프레임이 달라지면 접근방법이 달라집니다. 자신의 일을 사랑하지 않는 사람은 일을 통해서 성취감을 느끼거나 그 속에서 뭔가를 배우기 힘듭니다.

만일 전날 저녁 늦게까지 상담을 했지만 계약이 성사되지 않아 다음날 아침 세일즈맨이 고객에게 전화를 걸어 "어젯밤에 고생 많으셨습니다. 그런데 아무리 생각해도 어제 하던 이야기를 마저 끝내야겠습니다. 오늘 다시 찾아뵙겠습니다"라고 말한다면 고객은 어떤 반응을 보일까요? 분명 아연실색할 것입니다. 하지만 그 세일즈맨이 가지고 있는 일에 대한 남다른 열정을 느낄 수 있을 것입니다.

20세기 최고의 정신의학자이자 호스피스 운동의 선구자인 엘리자베스 퀴블러 로스가 자신이 살아가면서 얻은 삶의 진실을 담은 《인생 수업》이란 책에, 아들이 말을 안 들어 고민 끝에 상담 심리학자를 찾아온 한 어머니의 이야기가 나옵니다. 두 사람의 대화를 통해 사랑의 법칙이 무엇인지를 다시금 생각해보게 됩니다.

"우리 애가 너무 말을 안 들어서 너무 속상해요."

"한 가지 숙제를 내어 드리죠. 자, 어머니께서 한달 시한부 인생을 산다고 생각하는 겁니다. 그리고 일주일 후 저와 다시 만나죠."

"선생님, 내게 한 달밖에 시간이 없다고 생각하니까 우리 아들이랑 시간을 많이 보내야겠다는 생각을 많이 했습니다."

"그렇죠? 제가 다른 숙제 하나 더 내어 드릴게요. 이번엔 아드님이 일주일밖에 못 산다고 생각해보세요."

그 말은 들은 이후 어머니는 갑자기 아들의 모습이 다 좋아 보입니다. 그토록 보기 싫었던 찢어진 청바지, 파마머리 등 모든 것들이 다 사랑스러웠습니다. 이제 더 이상 어머니의 잣대나 프레임으로 아들을 가두지 않았습니다.

상대방을 있는 그대로 인정하면 사랑하게 됩니다. 이해한다는 말은 사랑한다는 말과 일맥상통합니다. '이해한다'가 영어로 'understand'인데 이는 '아래에 서다', 다시 말해서 '아래에 서서 그 사람을 이해한다'는 뜻입니다. 위 이야기에서도 어머니가 아들을 있는 그대로 보니 아들이 이해되기 시작한 것입니다. 사랑이란 이런 것입니다. 있는 그대로 그 사람을 이해해주고 봐주는 것, 이것이 바로 사랑의 법칙입니다.

이것은 세일즈와도 관련 있습니다. 앞서 세일즈는 고객의 프레임을 바꾸는 일이라고 말했습니다. 다시 말해서 세일즈는 고객의 생각을 바꿀 수 있다는 의미입니다. 그런 반면, 사랑의 법칙은 고객의 현재 상황이나 이야기를 있는 그대로 봐주는 것입니다.

예를 들어 가치관이 전혀 다른 사람에 대해서 그것을 비판하지 않고 있는 그대로 봐줄 수 있어야 합니다. '그 사람의 성장과정을 살펴보니 충분히 그렇게 생각할 수 있겠구나'라며 이해하고 보면 충분히 봐줄 수 있습니다. 세일즈를 할 때도 고객의 이야기나 상황을 있는 그대로 받아들여야 합니다.

인력은 끌어당기는 힘입니다. 인력의 법칙은 같은 성질을 가진 것끼리 서로 당기는 힘이 있다는 뜻입니다. 긍정적인 것은 긍정적인 것을 당기는 힘이 있고 부정적인 것은 부정적인 것을 당기는 힘이 있습니다. 예를 들어 실적이 좋은 사람들은 좋은 사람들끼리, 실적이 나쁜 사람들은 나쁜 사람들끼리, 잘나가는 사람들은 잘나가는 사람들끼리, 부자들은 부자들끼리 모이게 마련입니다.

"부자가 되려면 부자들과 점심을 같이 먹어라"는 말이 있습니다. 선박왕 오나시스가 부두에서 일용노동자로 일하다가 엄청난 성공의 기회를 잡을 수 있었던 것은 한 달에 한 번은 꼭 부자들이 가는 레스토랑에 갔기 때문입니다. 오나시스는 자신이 부자처럼 행동했기 때문에 성공의 기회를 잡을 수 있었다고 이야기합니다. 참 중요한 이야기입니다. 어떤 사람을 만나는 것은 운명이지만 좋은 사람을 만나고 그들과 함께하는 것은 본인의 실력과 선택입니다.

인력의 법칙은 모든 사물에 동일하게 적용됩니다. 세일즈맨들은 "고객을 만날 때 잘 차려입고 만나라. 그래야 부자들을 만날 수 있다"라는 말을 합니다. 이것은 나의 본능과 태도 또한 파동이 있고 인력이 있다는 말입니다.

세일즈맨의 인력은 매력입니다. 세일즈를 하는 사람들은 특히 매력적이어야 합니다. 매력(魅力)의 '魅' 자는 '도깨비 매' 자입니다. 즉 도깨비에 홀린 듯한 힘이 매력이라는 뜻입니다. 매력을 발산해야 인력이 생깁니다. 인력이 처음에는 첫인상일 수 있지만 나중에는 끝인상일 수도 있습니다. 매력적으로 보일 수 있도록 고객이 함께 밥을 먹고 싶어 하는 사람이 될 수 있다면 자석처럼 주변의 많은 사람들을 끌어당길 수 있는 힘이 생길 것입니다.

관성의 법칙

관성의 법칙이란 앞으로 나아가는 물체는 계속 앞으로 나아가려 하고 멈춰 있는 물체는 그대로 멈춰 있으려고 하는 성질을 말합니다. 이 법칙은 세일즈에서도 그대로 적용됩니다.

영어 속담 중에 세일즈에 관한 것으로 "Success bring success"라는 말이 있습니다. "성공이 또 다른 성공을 가져온다"라는 뜻입니다. 이 말은 성공한 사람이 또다시 성공한다는 것으로, 자본주의에 있어 하나의 메커니즘이라 할 수 있습니다. 다시 말해서 한 번 경험했던 것들을 또다시 하게 된다는 이야기입니다. 결코 하지 못했던 일들이 우연히 가능해지는 경우는 거의 불가능합니다.

관성의 법칙과 비슷한 것으로 심리학에서는 '일관성의 원칙'이 있습니다. 일관성의 원칙을 쉽게 설명하면, 보험에 가입한 사람과 가입하지 않은 사람으로 분류했을 때 보험에 가입한 사람이 또다시 가입할 가능성이 높다고 할 수 있습니다.

일관성의 원칙을 세일즈에 적용해보겠습니다. 우리가 세일즈를 할 때는 계약이 아닌 청약을 합니다. 계약을 하기 위해 먼저 약속을 하는 것을 청약이라고 합니다. 통상 14일간의 심사기간을 통해 청약에 문제가 없다면 계약이 이루어집니다. 따라서 세일즈를 할 때는 계약 이전에 청약을 통해 보험에 가입했을 때의 편안함, 안락감, 성취감 등을 먼저 맛보게 해야 합니다.

청약서에 서명을 하고 하지 않음은 아주 큰 차이가 있습니다. 일단 청약을 하게 해야 합니다.

제가 보험 세일즈를 시작했을 때의 이야기입니다. 하루는 사당동에 있는 외삼촌을 찾아갔습니다. 얼굴도 모르는 외삼촌이었습니다. 우선 전화를 걸었습니다.

"윤철희 원장님 되시죠? 저는 김창국이라고 합니다."

"누구시죠?"

"조카인데 혹시 기억하시겠습니까?"

"잘 모르겠는데……."

어릴 때 한 번 보고 안 본 조카를 기억할 리가 있겠습니까? 그렇게 전화로 인사를 한 뒤 직접 방문해 첫면담을 가진 뒤 2차면담을 위해 무작정 가정방문을 했습니다. 얼굴도 모르는 조카의 방문에 숙모님은 무척이나 당황한 모습이었습니다. 저 또한 설명을 하는 내내 땀이 비 오듯이 쏟아졌습니다. 말을 마무리하자 외삼촌은 "설명은 잘 들었으니 숙모랑 상의한 뒤 연락할게"라고 말했습니다.

그런데 거기서 나오면 어떻게 되겠습니까? 거기서 끝입니다. 그 다음에 전화를 하면 얼마나 찜찜하겠습니까? 반드시 그 자리에서 마무리를 지어야 합니다. 이런 상황에서 99퍼센트의 세일즈맨은 그냥 나오고 맙니다. 99퍼센트가 거기서 끝내고 마는 것이죠.

하지만 저는 포기하지 않고 다시 설명했습니다.

"외삼촌, 제 설명이 부족했던 것 같습니다. 처음부터 다시 하겠습니다."

"내가 이해는 다 했는데……."

"아, 그렇습니까? 그런데 지금 계약을 하는 게 아닙니다. 먼저 신청부터 하는 겁니다. 외삼촌! 외삼촌은 세상에서 가장 좋은 보험을 선택하셨습니다. 될지 안 될지는 모릅니다. 건강검진과 심사를 지켜봐야죠. 하지만 지금부터 보장의 느낌을 보름 동안 느껴보시기 바랍니다."

말을 끝내고 외삼촌 집을 나서는데 천당과 지옥 사이에서 왔다 갔다 한 기분이었습니다.

여기서 잠깐, 청약을 했을 때와 안 했을 때의 차이점을 말씀드리겠습니다.

청약을 한 경우에는 고객들은 다음과 같은 반응을 보입니다.

"저 친구 보통이 아니군. 일 좀 하겠는데."

"여보, 생각을 좀 해봐야 할 것 같은데요."

"일단 청약했으니 15일 동안 천천히 생각해봅시다. 어쨌든 참 대단하네."

이렇듯 긍정적인 방향으로 흐릅니다.

반대로 청약을 안 한 경우에는 다음과 같은 반응을 보입니다.

"휴, 살았다! 그 친구 너무 끈질기네."

"여보, 저 사람 너무 매너가 없는 거 아니에요!"

"미안해. 당신이 괜히 고생 많았네."

이렇듯 부정적인 방향으로 이야기가 흘러갑니다.

동일한 상황에서 이처럼 확연한 차이가 나타나는 것은 심리적 메커니즘이 자기중심적으로 반응하기 때문입니다. 사람은 누구나 자기가 선택한 것에 대해 합리화하려는 심리적 메커니즘을 가지고 있습니다. 이것이 바로 일관성의 원칙이고 관성의 법칙입니다.

그리고 사랑하는 힘에는 끌리는 힘이 있습니다. 사랑을 하면 인력이 생기기 때문입니다. 희한하게도 사랑을 하면 주변의 모든 상황, 모든 접점들이 일이 되게끔 도와줍니다. 알 수 없는 인력의 힘이 작용합니다. 또한 그 인력은 관성을 가져서 지속적으로 일을 하는 데 시너지(synergy)로 작용합니다. 즉 사랑 → 인력 → 관성이 마치 연쇄적으로 일어나서 일의 흐름을 쉽게 하고 때로는 어려움을 극복하는 힘을 가져다줍니다.

다음은 알프레드 디 수자의 시 〈사랑하라, 한 번도 상처받지 않은 것처럼〉입니다. 세상을, 자신을 그리고 고객을 어떻게 대해야 할지에 대한 좋은 해답을 제시하는 시입니다.

춤추라, 아무도 바라보고 있지 않는 것처럼

사랑하라, 한 번도 상처받지 않은 것처럼

노래하라, 아무도 듣고 있지 않는 것처럼

일하라, 돈이 필요하지 않는 것처럼

살아라, 오늘이 마지막인 것처럼

아리스토텔레스는 누군가를 설득하기 위해서는 에토스(ethos, 인격), 파토스(pathos, 감성), 로고스(logos, 논리)가 필요하다고 했습니다. 그리고 에토스 → 파토스 → 로고스 순으로 설득해야 한다고 강조했습니다. 여기서 에토스는 말하는 사람의 인격과 말하는 사람이 전하는 메시지의 신뢰감을 의미하며, 파토스는 듣는 사람을 설득하기 위해 사용하는 감성적 호소와 공감을 의미합니다. 로고스는 말하는 사람의 주장을 실증하는 논리적 뒷받침입니다. 결국 인격을 갖춘 사람이 신뢰할 수 있는 메시지를 통해 듣는 이의 공감을 얻어내야 설득이 된다는 뜻입니다.

그런데 많은 세일즈맨들이 인격이나 감성이 아닌 논리로 고객을 설득하려고 합니다. 그러다 보니 고객은 세일즈맨의 인격을 무시하는 경우가 많습니다. 누군가를 설득할 때는 반드시 상대방의 호감을 얻고 신뢰를 주고(인격), 상대방의 감정에 호소하고(감성), 논리적 근거를 제공(논리)해야 한다는 점을 명심해야 합니다.

몸으로 삶으로 인격을 보여줘라

설득의 첫 번째 원칙은 어떤 메시지를 전달하는 사람에 대한 인격적인 측면입니다. 설득과정에서 상대방에게 명성이라든지 신뢰, 호감을 느낀다면 그 사람은 이미 절반 이상은 설득됐다고 볼 수 있습니다. "그 사람 정말 좋은 사람이야! 한 번 만나봐." 이 말 한마디가 결정적으로 그 사람에 대한 인격과 신뢰감을 높여줍니다. 세일즈에 있어 소개가 중요한 것은 소개자의 영향력을 통해 인격의 효과를 더욱더 높여주기 때문입니다.

미국 푸르덴셜생명 역사상 가장 성공한 세일즈맨으로 손꼽히는 솔로몬 힉스를 만났을 때의 일입니다. 그는 언제 어디서든 항상 카메라를 들고 다니며 사람들의 사진을 찍어줍니다. 특히 폴라로이드 카메라로 즉석에서 사진을 뽑아줍니다. 그러면 사람들이 매우 기뻐합니다. 그리고 얼굴에는 함박웃음이 떠나지 않고, 대화를 나눌 때도 알아듣기 쉬운 영어를 사용하는 것은 물론 콩글리시에도 귀를 기울이고 이해하려는 모습을 보였습니다. 목소리에도 부드러움과 신뢰감이 배어 있었습니다. 그는 누구를 만나든 특유의 소탈함과 상대방에 대한 배려를 통해 진심을 전달하고 본인의 인격을 느끼게 하는 법을 알고 있는 것 같았습니다.

인격은 사소한 것부터 세심하게 신경 써야 합니다. 고객과 통화가 잘 안 된다고 고객이 심한 거절을 한다고 그 고객에게 나쁜 이야기를 해서는 절대 안 됩니다. 에이전트들은 지인고객명부(natural market list) 혹은 가망고객리스트를 바탕으로 계약할 명부를 정리합니다. 그런데 이러한 명부를 '살생부'라고 표현하는 에이전트도 있습니다. 계약을 하는 신성하고 소중한 행위를 '살생한다, 이긴다, 정복한다'는 의미를 담아서 살생부라고 표현하는 것입니다. 아무 생각 없이 이렇게 표현할 수도 있지만 이런 표현은 금해야 될 것 중의 하나입니다. 고객이 안 보이는 곳에서도 고객을 정말 소중하게 생각하는 마음가짐이 필요합니다.

자신의 절제되고 훈련된 삶의 모습을 고객에게 몸소 보여주어야 합니다. "행함은 말보다 더 큰 울림이다"라는 진리를 생각하면서 행동한다면 세일즈맨의 인격은 더욱 높아지고 고객으로부터 신뢰감과 호감을 얻게 될 것입니다.

상대방의 가슴을 두드려라

설득의 두 번째 원칙은 감성적인 측면입니다. 감성적인 측면은 바꾸어 말하면 상대방의 감정을 움직이게 하는 것입니다. 즉 상대방의 '가슴을 두드려라'는 말입니다.

고객과의 첫만남에서 가장 중요한 것은 '니즈 환기'입니다. 니즈 환기를 못하면 세일즈를 하기 힘들어집니다. 니즈 환기란 그 사람의 필요성을 환기시킨다는 뜻입니다. 다시 말해서 그 사람의 가치나 중요하게 생각하는 것이 무엇인지를 환기시켜야 합니다.

이를 위해서는 사례를 들거나 기쁨이나 슬픔을 느끼게 하여 감정의 기복을 체험하게 해주어야 합니다. 이 단계는 동기부여의 과정과 비슷합니다. 예를 들어 "당신이 아버지로서 자녀에게 해주는 것이 무엇인가?" "가장으로서 아이들의 잠든 모습을 보며 어떤 생각을 하느냐?" 등 끊임없이 그 사람의 감성을 공략하는 것입니다. 고객의 가슴속에 자리 잡은 뜨거운 부분을 자극하는 것이죠.

이는 남녀가 친해지기 위해 놀이기구를 타는 것과 유사합니다. 롤러코스터를 타면서 두려움, 재미 등 서로가 같은 감정을 공유하면 더 빨리 친해져 마음을 열 수 있듯, 고객의 가치 혹은 중요한 부분을 함께 나누면 서로에 대한 신뢰감을 빠르게 형성할 수 있습니다.

이러한 감성은 고객에게는 열정으로 전달됩니다. 후배들이 영업을 하다 보면 예전의 제 고객들을 만나게 되는 일이 종종 있습니다. 그때마다 후배들은 고객들에게 묻습니다. "대표님을 생각하면 가장 기억에 남는 것이 무엇입니까?" 그러면 고객들은 하나같이 "열정과 화려한 넥타이 색깔이 기억에 남는다"라고 대답한다고 합니다.

오랜 시간이 지났지만 제가 그들의 기억 속에 남아 있는 것은 아마도 저의 열정이 그들에게 전달되었기 때문이 아닌가 싶습니다. 왜냐하면 사람은 감성과 함께 기억되기 때문입니다. 사람들의 감성을 움직이게 하는 것은 열정이라는 점을 기억하기 바랍니다.

다니엘 핑크는 《새로운 미래가 온다》에서 '스토리'를, 소비자를 움직이는 제3의 감성이라며 미래 인재가 갖추어야 할 여섯 가지 조건 중 한 가지로 꼽고 있습니다. 다음은 그 내용 중 일부인데, 감성을 어떻게 활용할 것인지를 잘 보여주고 있습니다.

어느 날 어떤 부동산 중개업자가 보내온 색다른 엽서를 받았습니다. 처음엔 이 엽서를 쓰레기통에 넣을 뻔했습니다. 엽서 한 면에는 흔히 볼 수 있는 사진, 즉 그 부동산업자가 최근에 팔아준 몇 블록 떨어진 곳의 주택 사진이 실려 있었습니다. 하지만 그 뒷면에는 커다란 글씨체로 그 집의 판매가격이 적혀 있는 대신, 그 집에 얽힌 사연이 기록되어 있었습니다.

플로렌스 여사와 그녀의 부군께서는 1955년에 이 매혹적인 집으로 이사를 왔습니다. 그들은 현금 2만 달러를 치르고 장만한 이 집의 세세한 부분들, 즉 견고한 참나무 바닥, 커다란 유리창문들, 박달나무 문틀……. 영국식 벽난로, 그리고 정원에 판 연못 등을 사랑했습니다. 91세가 되자 플로렌스 여사는 은퇴노인들의 보금자리인 브라이튼 가든으로 몸을 옮기셨습니다. 그리고 플로렌스 여사 가족들은 저에게 이 보석 같은 집을 팔아달라고 부탁하셨습니다. 제게는 큰 영광이었습니다. 우리는 여사의 지시에 따라 집을 깨끗이 청소하고, 집 안팎을 새로 단장했으며, 바닥 표면을 다시 손보고, 아름다운 창문을 정성스럽게 닦았습니다. 이제 새로운 주인이 되신 스코트 드레서 부부는 옛 주인들 못지않게 이 집을 사랑하며, 앞으로 영원히 이 집에서 살고자 하는 계획을 갖고 계십니다. 주민 여러분, 부디 잠시 짬을 내셔서 이 새로운 이웃을 환영해주기기 바랍니다.

이 엽서에는 그 집의 판매가격이 적혀 있지 않았습니다. 하이콘셉트 시대에 걸맞은 치밀한 마케팅 전략을 활용한 것입니다. 제 아무리 부동산업자가 끈질기게 권유를 한다고 해도 집을 내놓기로 결정한 주인이 50년 가까이 살아온 정든 집이라면 돈만 보고 판매결정을 내리기는 어려울 것입니다. 감성을 자극하는 요소가 덧붙여져야 합니다. 특별한 엽서를 보내온 이 부동산업자는 잠재적인 판매자와 감성적인 유대관계(하이터치)를 맺고 자신의 서비스를 차별화하기 위해 '숫자'만으로 만족해하는 경쟁자들과는 달리 '스토리'를 활용한 것입니다.

자신의 주장을 정당화하라

설득의 세 번째 원칙은 논리적인 근거를 들어서 결정을 정당화하는 것입니다. 대부분의 사람들이 상대방을 설득할 때 이것이 가장 중요하다고 생각하지만 의외로 논리적인 면이 부족한 사람들이 많습니다. 논리는 '말의 기술'과 깊은 연관이 있습니다. "말 한마디로 천 냥 빚을 갚는다"라는 속담이 있듯이, 말은 여러 커뮤니케이션 수단 중에서 가장 중요하고 어렵게 느껴지기도 합니다.

저는 '말은 마음을 담는 그릇'이라고 가슴 깊이 새기며 나름대로 정한 일곱 가지 원직으로 고객들에게 다가갑니다.

1. 노래하듯 말하라

말을 할 때에도 노래처럼 높낮이가 필요합니다. 강, 약 악센트를 줘서 말해야 한다는 의미입니다. 음악이 감성을 자극하듯 마음을 움직이는 스피치는 정확한 의사전달 속에 감정을 삽입하고, 리듬을 타면서 높낮이를 자유롭게 하며, 청중과 함께 호흡합니다. 노래가 감성적인 것은 리듬이 있기 때문입니다. 리듬을 탈 수 없다면 차라리 노래를 부르는 게 낫습니다. 노래를 부를 수 없다면 운율에 맞춰서 시라도 낭송하십시오.

2. 명분을 선점하라

부시 대통령은 의회에서 '이라크와의 전쟁' 인준을 받을 때 '테러와의 전쟁'이라는 말을 사용해 명분을 얻었습니다. 세일즈를 할 때도 명분이 필요합니다. 특히 무형의 상품을 판매하기 위해서는 상품의 좋고 나쁨을 따지기 이전에 왜 필요한지에 대한 명분을 세워야 합니다. 상대방보다 먼저 명분을 선점한다면 성공은 시간문제입니다.

전설적인 보험인 버트 팔로는 고객이 설득되지 않으면 상담을 하다가 갑자기 자리에서 일어나서 자녀들과 함께 찍은 가족사진 앞에서 약간 큰소리를 내며 슬픈 목소리로 이야기한다고 합니다.

제인, 폴, 정말 미안하다. 내가 너희들이 안전하게 인생의 항해를 할 수 있도록 하기 위한 '구명 티켓'을 팔러 왔는데 너희 아버님이 고민을 하고 계시는구나. 내가 능력이 부족해서 설득을 잘 못하고 있어서 너희들에게 미안하구나.

이처럼 가족을 지키기 위한, 특히 자녀들을 지키기 위한 '구명 티켓'이라고 말하는 순간, 생명보험을 파는 명분은 더욱 강해집니다.

3. 꿈을 말하라

피카소는 삼십대 초반에 이미 백만장자가 되었습니다. 그는 나이가 들어갈수록 더 큰 부자가 되었고, 세계적인 화가로서의 명성을 얻었습니다. 그는 언제나 입버릇처럼 말하곤 했습니다. "나는 그림으로 억만장자가 될 것이다. 미술사에 한 획을 긋는 화가가 될 것이다. 갑부로 살다 갑부로 죽을 것이다." 그러다 조금씩 꿈이 형상화되기 시작해서 그림이 그려지고, 꿈이 곧 말이 되고, 말이 곧 그림이되고, 그림이 곧 현실이 되었습니다.

톱 세일즈맨들 또한 꿈에 대해 이야기하기를 좋아합니다. 그 꿈에는 나의 꿈도 있지만 고객의 꿈도 있습니다. 자신의 꿈을 말할 때는 업에 대한 소명감과 비전을 이야기하지만, 고객의 꿈을 물을 때는 왜 일을 하는지, 자신의 꿈이 가족에게 얼마나 소중한지 이야기하는 것이 좋습니다.

4. 화려한 형용사를 써라

스티브 잡스는 프레젠테이션을 할 때 화려한 단어를 구사하길 좋아합니다. great, amazing, unbelieveable, tremendous, gorgeous 등 스티브 잡스의 언어는 절제와 거리가 멀고 오히려 과장에 가깝습니다. 이러한 화려한 형용사들로 고객의 이목을 집중시키고 마음을 사로잡을 수 있습니다.

세일즈를 하는 사람들도 자신을 표현하는 형용사를 준비해야 합니다. '보험을 사랑하는 남자' '한국 최고의 ○○ 전문가' '열정의 화신' 등등 이처럼 자신감 있는 형용사를 자신의 이름 앞에 덧붙이는 순간 절로 자신감이 생겨날 것입니다.

5. 호감이 가는 고급 단어를 선택하라

우리는 어떤 언어를 쓰고 단어를 쓰느냐에 따라 말하는 사람의 품격과 인격을 느낄 수 있습니다. 흔히들 '재테크'라는 말을 많이 쓰는데 이 말은 일본에서 건너온 정체불명의 단어입니다. 이 단어 자체의 느낌이 굉장히 가볍다고 생각되어 저는 재테크 대신 '경제적 의사결정'이라는 말을 선호합니다. 또한 '상속'이라는 말보다는 '세대 간의 원활한 자산 이전'이라는 표현이 훨씬 더 긍정적이고 세련됐다고 생각합니다.

일선에서 수백 명의 조직원들을 관리하며 오랫동안 일하다 보니 별의별 일들이 발생합니다. 어느 조직이나 마찬가지겠지만 간혹 회사의 규정과 규율을 위반하는 조직원이 생기기도 합니다. 한 조직의 수장으로서 조직원을 감싸고 포용하기 위해서는 징계를 담당하는 윤리위원회 위원들에게 벌칙을 최소화해 달라는 편지를 보내야 하는 경우도 생깁니다. 그러나 '선처를 바랍니다'와 같은 진부한 표현으로는 윤리위원회 위원들의 마음을 바꿀 수 없습니다. 그래서 '저에게 새롭게 열심히 일할 수 있도록 용기를 주십시오'라는 표현으로 대신합니다. 늘 사용하는 똑같은 말을 좀 더 색다르고 세련되게 표현하면 상대방에게 훨씬 신선하게 다가가고 진심이 전달됩니다.

6. Yes를 말하게 하라

말에도 기운이 있어서 어떤 말은 긍정적인 느낌을, 또 어떤 말은 기운이 빠지게 하는 부정적인 느낌을 줍니다. 그러므로 세일즈맨은 항상 긍정적이고 에너지를 주는 말을 해야 합니다. 또한 고객으로부터도 긍정적인 대답을 끌어내야 합니다. 가장 쉬운 긍정은 'Yes'입니다. 고객으로부터 세 번 정도의 Yes를 끌어낼 수 있다면 상담 결과는 성공적일 가능성이 매우 높습니다. 고객의 잠재의식 속에 긍정과 공감을 불어넣었기 때문입니다.

7. 말을 잘 듣는 기술을 익혀라

말을 잘하기 위해서는 말을 잘 듣는 기술 또한 중요합니다. 이는 상대방의 말을 빠짐없이 듣는다는 의미일 수도 있지만, 그것보다는 상대방의 말에 잘 반응하는 것이라고 생각합니다. 잘 반응한다는 것은 상대방에 말에 맞장구를 치고 감탄하는 것입니다.

예를 들어 "사장님이시니까 그토록 힘든 시간을 잘 극복하실 수 있으셨군요" "정말 대단하십니다"라는 감탄사는 최고의 반응입니다.

1950년대 미국 서부극 주인공으로 많이 출연했던 게리 쿠퍼는 함께 공연한 여배우들과의 염문이 끊이질 않아 '미국의 연인'이라는 별명이 붙을 정도였습니다. 사람들은 그의 인기비결을 두 가지로 봅니다. 하나는 대화를 나눌 때 상대 여자에게 시선을 떼지 않는다는 것이고, 또 하나는 그가 상대와 대화를 나눌 때 수시로 '설마?' '정말?' '그건 처음 듣는 말인데!'라는 말을 사용한다는 것입니다. 멋진 외모와 더불어 이처럼 상대방의 이야기를 진심으로 경청하고 호응

해주니 인기가 넘쳤던 것이 아닐까요.

　이상에서 살펴본 것과 같이, 세일즈맨이 고객을 설득하기 위해서는 먼저 말 속에 자신의 인격이 들어 있어야 하고, 감성적인 말을 통해 마음에 호소할 수 있어야 하며, 철저한 근거와 확실한 근거를 바탕으로 메시지를 전달할 수 있어야 합니다.

　말을 잘하는 사람이 세상을 지배한다는 말이 있듯이 오늘날의 스피치 능력은 성공을 부르는 중요한 요소 가운데 하나입니다. 의사 전달이 명확하고 설득력이 높은 사람은 그렇지 않은 사람보다 그만큼 기회가 더 많이 부여되기 때문입니다. 이러한 설득의 법칙과 말의 기술을 체득한다면 자신에게 주어진 기회에 한 걸음 더 다가갈 수 있을 것입니다.

커뮤니케이션은 '나누다'를 의미하는 'cornmuni-care'라는 라틴어에서 파생되었습니다. 즉 공유하고 함께한다는 뜻이 담겨져 있습니다. 이는 세일즈의 수단 중 핵심으로 작용하며 매우 중요한 역할을 합니다.

어느 날 개와 고양이가 들판에서 만났습니다. 개가 고양이를 보니 덩치는 작아도 생긴 것이 범상치 않습니다. 고양이도 개를 보니 덩치도 크고 싸움도 잘하게 생겼다고 느꼈습니다. 서로 만만치가 않습니다. 들판에서 서로를 주시하다가 화해 제스처를 취합니다. 개는 꼬리를 흔들기 시작했고 고양이는 앞발을 들었습니다. 고양이는 반갑다고 앞발을 들었지만 개가 볼 때는 공격 행위입니다. 마찬가지로 개가 꼬리를 흔드는 것은 고양이가 볼 때는 공격 행위입니다.

서로 커뮤니케이션이 다르다는 얘기입니다. 이처럼 커뮤니케이션이 다르니 둘은 서로 가까워질 수 없습니다. 이것은 보험 에이전트와 고객과의 관계에서도 마찬가지입니다.

보험회사에 입사했다며 지인들에게 안부 통화를 하면 처음에는 연락이 잘되다가 한 달쯤 지나면서부터는 점차 전화기 신호음이 길어집니다. 한참 있다가 전화를 받는다거나 아니면 전화를 잘 안 받는 경우도 비일비재합니다. 이것은 지극히 자연스러운 현상입니다.

왜 그럴까요? 분명히 이유가 있습니다. 심각한 커뮤니케이션의 오류가 발생했기 때문입니다. 기존의 보험 에이전트들이 보험 계약을 위해 처음부터 상대방에게 큰 부담을 줬기 때문에 고객들도 이제는 거절 처리에 능숙합니다. "왜 이제 왔어? 얼마 전에 ○○○이 왔다가서 모조리 다 쓸고 갔잖아"라는 식의 이야기를 늘어놓습니다. 무슨 빗자루입니까? 쓸고 가게.

그러나 제대로 된 커뮤니케이션을 통해 판매가 이루어지고 나면 상황은 역전됩니다. 오히려 고객들로부터 전화가 걸려옵니다. "요즘은 바쁜가 봐요? 얼굴 안 본 지 한참 된 것 같은데! 언제 한 번 놀러와요! 물어볼 것도 있고……."

사랑하는 사람과는 안 보면 보고 싶어지는 게 당연하죠. 고객과 감정의 커뮤니케이션을 나누어보세요. 보고 싶어집니다.

커뮤니케이션을 잘하기 위해서는 먼저 두려움이 없는 마음을 가져야 합니다. 두려움을 극복하기 위해서는 상대방을 이해하는 마음을 가져야 하고, 상대방을 인정해주는 모습을 보여줘야 합니다.

중국 노나라의 현인 안회와 그의 스승 공자의 대화에서 두려움을 극복할 수 있는 지혜를 배울 수 있습니다. 안회는 학덕이 높고 재질이 뛰어나 공자가 가장 촉망하던 제자였습니다.

어느날 안회가 공자를 찾아가 말했습니다.

"스승님, 얼마 전에 노 젓는 솜씨가 뛰어난 사공을 보았습니다. 신기에 가까웠지요. 갑자기 그 비법이 궁금해져 사공에게 물었습니다. 그런데 비법은 가르쳐주지 않고 선문답 같은 소리만 했습니다."

"선문답 같은 소리라……. 그래 그 사공이 뭐라고 하더냐?"

"사공이 대뜸 저에게 헤엄을 칠 수 있냐고 물었습니다. 그러더니 헤엄을 칠 줄 안다면 노 젓는 법을 쉽게 배울 수 있다고 했습니다. 그 다음에는 잠수를 할 수 있냐고 물었습니다. 잠수를 할 수 있다면 노를 한 번도 잡아본 적이 없더라도 금방 배울 수 있다고 했습니다. 스승님 도대체 헤엄치는 것과 잠수하는 것이 노를 잘 젓는 법과 무슨 상관이 있습니까?"

"그것은 바로 '두려움'에 관한 문제다. 만약 헤엄을 잘 치거나 잠수를 잘할 수 있는 사람이라면 물을 두려워하지 않을 것이다. 물을 두려워하는 사람은 아무리 열심히 노 젓는 걸 배운다고 해도 실력이 좀처럼 늘지 않을 것이다. 그 이유는 '배가 뒤집히면 어떻게 될까?' 하는 마음속 두려움이 배움에 집중할 수 없게 만들기 때문이다."

안회는 그제야 고개를 끄덕였습니다. 두려움이 없는 마음, 그것이 바로 사공이 말하는 노를 잘 젓는 비법임을 알게 된 것입니다.

사공이 물을 두려워하면 안 되듯이 세일즈맨은 사람을 두려워하면 안 됩니다. 두려워하면 커뮤니케이션을 할 수 없습니다. 왜냐하면 커뮤니케이션은 공감하고 소통하는 것이기 때문입니다.

감정적 커뮤니케이션으로 고객을 매료시켜라

커뮤니케이션은 감정적 커뮤니케이션, 신체적 커뮤니케이션, 영적 커뮤니케이션으로 나눌 수 있습니다. 이 세 가지 커뮤니케이션은 고객과의 첫만남(니즈 환기) 이전의 커뮤니케이션이라 할 수 있습니다.

이 중 감정적 커뮤니케이션은 고객에게 진심을 전한다거나 고객과 친밀한 인간관계를 맺게 하는 수단으로 작용합니다.

어떤 사람이 사무실 문을 열고 들어가니 상사가 인상을 쓰고 앉아 있습니다. 표정만 봐도 찬바람이 쌩쌩 붑니다. 커뮤니케이션을 안 했지만 이것을 본 부하직원들은 '오늘 우리 과장님 기분이 안 좋구나' 하고 금세 느낍니다. 이게 바로 감정적 커뮤니케이션입니다.

흔히들 학부모나 선생님이 아이들에게 "좋은 성적을 받지 못하면 좋은 직장에 들어가지 못한다"라는 말을 자주 하는데 이것도 감정적 커뮤니케이션을 이용한 것입니다. 이런 식의 교육법은 듣는 사람을 소심하게 만들 확률이 높아지므로 감정적 커뮤니케이션을 사용할 때는 주의가 필요합니다.

반면 계약을 성공한 후에는 그동안 조금 상대하기 벅찼던 혹은 결정을 미루고 있던 고객을 만나는 게 효과적입니다. 계약을 성공하면 세일즈맨의 감정적 에너지는 최고조에 달하게 되어 보다 나은 감정적 커뮤니케이션을 이끌어낼 수 있기 때문입니다. 다시 말해서 감정적 에너지가 자신감과 열정으로 꽉 차게 되는 것입니다. 이때 만나는 가망고객들은 세일즈맨의 강한 에너지에 매료됩니다.

한번은 첫방문 때 상담을 하다가 쫓겨났던 곳을 다시 찾았습니다. 무척이나 바빴던 회사였는데, 평소 하던 상담 방식대로 하다 보니 30분 이상 말을 늘어놓았던 것입니다. 그 회사 사장님은 나가라고 고함을 질렀고 저는 아무런 대꾸도 하지 못한 채 속수무책으로 나올 수밖에 없었습니다.

큰 계약을 성공하고 나니 불현듯 그 사장님을 만나야겠다는 생각이 들었습니다. 수개월이 지난 뒤였지만 그 사장님은 여전히 나를 본체만체하며 냉담한 반응을 보였습니다. 하지만 다행히 오랜 기다림 끝에 면담시간을 확보할 수 있었고 놀랍게도 그 사장님은 면담 도중에 몇 번이고 "내가 몇 개월 전에 봤던 그 모습이 아니다"라는 이야기를 했습니다.

그것은 아마도 몇 개월 동안의 수많은 거절과 계약을 통해 성장을 했기 때문일 것입니다. 그리고 이에 앞서 큰 성과를 거두면서 가졌던 성취감과 자신감이 나의 행동과 말을 통해서 고객에게 전달되었던 것입니다. 이것이 바로 사람과 사람 사이의 감정적 커뮤니케이션입니다.

신체적 커뮤니케이션으로 상황을 역전시켜라

신체적 커뮤니케이션은 한마디로 몸으로 하는 의사소통입니다. 외모나 제스처나 표정이나 눈빛을 통해 이루어지는데, 신체적 커뮤니케이션을 매력적으로 연출한다면 커뮤니케이션이 원활하게 이루어집니다.

중국 당나라 때는 관리를 등용하는 시험에서 신언서판(身言書判)을 인물평가 기준으로 삼았습니다. 신언서판은 외모, 말솜씨, 문필, 판단력 네 가지를 이르는 말입니다. 그만큼 외모는 사람을 판단할 때 중요한 기준이 된다는 의미입니다.

이 기준은 오늘날에도 유효합니다. 당당한 태도, 깔끔한 옷차림과 세련된 매너를 가진다면 커뮤니케이션은 더욱 용이해질 수 있습니다. 그리고 그 내면에는 무엇보다 자신감이 있어야 합니다.

모 소아과 원장님을 방문했을 때의 일입니다. 그 원장님은 인상이 매우 까다로워 보였고, 마치 저를 잡상인 대하듯이 아래위로 훑어보았습니다. 하지만 서서히 저의 당당하고 자신감 있는 태도에 여느 에이전트와는 무언가 다르구나 하는 것을 느끼는 듯했습니다.

이윽고 상담을 위해 옆에 앉은 내게 시계는 어디 제품인지 넥타이는 어디 제품인지 양복과 신발의 브랜드를 하나하나 물어보았습니다. 그러고는 자신의 남편에게 그 브랜드를 사줘야겠다라고 말했습니다. 이렇게 상황이 역전되면 세일즈맨이 주도권을 쥐게 됩니다.

인사를 하거나 악수를 할 때의 태도도 신체적 커뮤니케이션에 매우 중요하게 작용합니다. 제가 좋아하는 바디 랭귀지는 '당신이 최고다'라는 뜻으로 엄지손가락을 치켜세우고 미소를 짓는 것입니다. 식당에서 밥을 먹고 나서도 '아주 맛있게 먹었다'라는 의미로 주인에게 엄지손가락을 내밀면 주인은 매우 행복해합니다. 첫째, 둘째, 셋째 이렇게 나열하면서 프레젠테이션을 할 때에도 손가락을 들면서 하면 집중도를 훨씬 높일 수 있으므로 커뮤니케이션이 보다 용이해집니다.

영적 커뮤니케이션으로 상대의 마음을 사로잡아라

영적 커뮤니케이션은 인간의 정신적, 감정적, 신체적 한계를 넘어서는 수준의 커뮤니케이션을 말합니다. 이러한 영적 커뮤니케이션은 고객과의 첫만남에서부터 매우 중요한 테마로 작용합니다. 처음에는 상대방의 이목을 끌기 위해 합리적인 자산관리 방법이나 포트폴리오 등을 활용하기도 하겠지만 결국 그들의 마음을 매료시키는 것은 영적 커뮤니케이션입니다.

한국투자신탁에서 펀드매니저를 했던 친구에게 "너는 고객관리를 하고 자산관리를 했지만 고객의 마음 깊숙이 들어가서 진정한 고객관리를 해본 적이 있느냐?"라고 물었던 적이 있습니다.

보통 자산관리라고 하면 예를 들어 고객이 5억 원을 맡기면 그 돈으로 어떤 상품을 포트폴리오 할 것인지 고객과 의논하는 것이 주를 이룹니다. 이것은 진정한 자산관리가 아닙니다. 고객이 어떻게 자산을 형성했으며 고객에게 그 돈은 수단인지, 목적인지 등 고객의 영혼 깊숙한 곳에 있는 세밀한 것까지 알고 이야기해야 진정한 자산관리로 이어질 수 있습니다.

죽음과 인생을 이야기하다 보면 자연스레 고객의 내밀한 곳까지 알 수 있으므로 진정한 소통과 영혼의 소통, 즉 영적 커뮤니케이션이 이루어집니다. 단순하게 몇 억을 관리해라, 이 상품이 얼마냐가 아니라 고객을 만나면 영적 커뮤니케이션을 해야 합니다. 삶과 죽음을 의미 있게 하고 그를 통해 더 나은 삶을 살 수 있도록 이야기하는 것이 영적 커뮤니케이션입니다. 이 정도 되면 단순한 자산관리를 뛰어넘어 그 고객의 전체 가문과 집안의 관리가 이루어집니다.

세일즈맨은 영적 커뮤니케이션을 통해 고객에게 영혼의 안부를 물어주고 벼락같은 축복을 선사할 수 있어야 합니다. 영적 커뮤니케이션이 이루어져서 단순한 고객과 세일즈맨의 만남 이상이 되면 고객은 이렇게 이야기합니다.

"너에게 도움이 되는 쪽으로 설계해."
"결혼 안 한 처제가 있는데 우리 처제랑 선 한 번 보는 게 어때요?"
"동생 삼고 싶습니다."

영혼끼리의 진정한 소통이 이루어졌는데 못할 말이 무엇이 있겠습니까? 그래서 항상 세일즈맨은 맑은 영혼을 가질 수 있도록 절제된 생활을 해야 하고 자신의 감정과 신체를 단련해야 합니다. 왜냐하면 영혼은 감정과 정신과 신체의 단련을 통해서 그 빛깔이 더욱 아름다워지고 사람들을 매료시킬 수 있기 때문입니다.

영적 커뮤니케이션의 본질은 사랑과 용서이기도 합니다. 그런 의미에서 "용서는 가장 아름다운 복업(福業)이다"라는 말은 굉장한 영감을 주는 말입니다.

미국 역사상 최초로 4선에 성공한 루스벨트 대통령이 숨을 거두었을 때 미국 국민들은 우리가 대통령을 죽였다고 이야기할 정도로 루스벨트를 사랑했습니다. 그를 만나는 모든 사람들이 그에게 매료되었습니다. 심지어 야당 대표까지도 그를 좋아하게 되었다고 합니다.

루스벨트는 누군가를 만나러 가기 전에 항상 상대방에 대한 정보를 최대한 알아보고 갔다고 합니다. 가족관계, 취미, 성장과정 등 상대방에 대한 스토리를 충분히 알고 만나니 상대방과 진정한 영적 커뮤니케이션을 할 수 있었던 것입니다. 아마도 루스벨트가 세일즈를 했다면 최고의 세일즈맨이 되었을 것입니다.

이처럼 영적 커뮤니케이션은 상대방에 대한 사랑과 배려에서부터 출발됩니다. 고객의, 고객에 의한, 고객을 위한 스토리가 시작되어야 합니다.

　　　　　대학원 동기 소개로 모토로라 여직원들을 만날 기회가 있었습니다. 여직원들에게 처음부터 종신보험이나 죽음에 대한 이야기를 꺼내기가 조금 어려웠습니다. 잠시 고민을 하다가 사랑에 대한 이야기를 시작했습니다. 감정의 롤러코스터를 타게 하고 싶었기 때문입니다.

　혹시 프랑스에 있는 노트르담 사원에 가본 적이 있습니까? 여러분께 노트르담의 꼽추 카지모도에 관한 이야기를 들려주고자 합니다. 노트르담 사원 뒷마당에는 무덤이 2개가 있는데, 매년 조금씩 서로 조금씩 가까워진다고 합니다. 이것은 현대 과학으로는 증명할 수 없는 불가사의입니다. 카지모도는 집시 여인 이사벨라를 사랑했습니다. 그는 이사벨라를 위해 목숨을 바쳤습니다. 나중에 이사벨라가 죽자 사람들은 살아서 못 이룬 사랑을 이루라며 카지모도 옆에 이사벨라를 묻어줍니다.

　후세 사람들은 살아서 못 이룬 카지모도의 사랑이 무덤을 움직이게 한다고 말합니다. 누구를 사랑한다는 것은 살아서 뿐만이 아니라 죽어서도 이렇게 신기한 힘을 발휘합니다. 여러분은 지금 부모님께 가장 큰 사랑을 받고 계실 겁니다. 부모님의 사랑에 보답하는 방법은 여러분의 몸과 정신을 아름답게 간직해서 오래오래 가족들과 행복하게 사는 것입니다. 오늘 제가 그것에 필요한 것을 제시해드리겠습니다.

　위와 같은 이야기를 들려주었더니 여직원들은 다들 관심을 표명

119

했고 좋은 결과를 얻을 수 있었습니다. 만일 이런 이야기를 들려주지 않고 상품에 대해 무턱대고 설명부터 했다면 여직원들의 반응은 냉담했을 것입니다.

이처럼 이야기를 통해 고객의 영감을 불러일으키면 기대를 뛰어넘는 좋은 결과를 얻을 수 있습니다. 고객과의 영적 커뮤니케이션을 게을리하지 않을 때 고객도 우리도 함께 발전하는 관계를 만들 수 있다는 점을 인식하기 바랍니다.

결을 일지 못하는 것이 20세기의 질병이라면 마음을
일치 못하는 것은 21세기의 질병이다. 마음을 일치 못
하는 사람이 많을수록 행복은 멀어진다.

- 김정빈, 호랑가시 이야기

고객과 같이 울고 웃어라

공감이란 세일즈맨들이 가장 중요하게 생각해야
할 법칙 중의 하나입니다. 고객과 공감이 이루어지지 않고서 어떻게
판매가 이루어질 수 있겠습니까? 그런데 많은 세일즈맨들이 고객과
공감이 이루어지 않은 상태에서 판매를 강요하다 보니 불완전한 판
매가 이루어지고 세일즈맨들을 불신하는 사람들이 많은 것입니다.

공감은 감정을 공유한다는 말입니다. 즉 본능에 가까운 것입니

다. 본능적으로 저 사람이 더 좋고 느낌이 좋다는 생각이 들면 공감대가 형성됩니다.

어떤 할아버지가 불치병에 걸려서 살 날이 얼마 남지 않았습니다. 이 할아버지는 자식들이 찾아와 간병을 하고 위로를 해도 슬픔이 쉽게 가라앉지 않았습니다. 그러다 보니 때로는 괴팍해지고 약간 치매도 있어 수시로 주변 사람들에게 분노를 나타냈습니다. 그러던 중 이 할아버지가 자주 가던 경로당에 봉사를 갔던 어린 학생이 찾아왔습니다. 가족들은 할아버지의 상태가 안 좋으니 그냥 가는 것이 좋겠다고 했습니다. 가족들은 혹여나 할아버지가 학생에게 욕을 하거나 불편한 상황을 만들까 두려웠던 것입니다.

가족들의 만류를 무릅쓰고 학생은 가족들에게는 병실 밖에 있으라고 한 뒤 혼자서 병실에 들어갔습니다. 한참이 지나도 조용해서 가족들이 궁금하여 병실을 들여다보니 학생은 할아버지와 도란도란 이야기를 나누고 있었습니다.

최근 들어 할아버지의 평화스런 모습을 본 적이 없던 가족들은 학생에게 어떻게 된 일이냐고 물었습니다. 학생은 다음과 같이 말했습니다.

"다른 것은 없습니다. 다만 할아버지의 손을 잡고 같이 울었습니다. 그러자 할아버지께서 '나의 마음을 알아주는 사람은 너밖에 없구나'라고 말씀하셨어요."

가족들은 할아버지를 위로하고 달랠 줄만 알았지 공감하는 방법을 몰랐던 것입니다. 말 그대로 공감이란 같은 감정을 가지는 것입니다. 울고 싶은 일이 있으면 같이 울어주고, 같이 기뻐해주는 식으로 상대방의 감정을 공유하면 쉽게 그 사람에게 다가갈 수 있습니다.

가까워지고 싶다면 흉내를 내라

고객과 대화를 나누다 같은 학교 선후배인 것을 아는 순간부터 서로 경계심을 풀고 급격히 친해지는 경우가 많습니다. 이것을 심리학에서는 '유사성의 원리'라고 합니다.

유사성의 원리는 인간의 본능 깊숙이 있는 것 같습니다. 그래서 배우자를 선택할 때도 자신과 닮은 사람을 선택하게 된다고 합니다. 본능적으로 인간은 자신과 닮거나 취미가 같은 사람들을 좋아하기 때문입니다. 또한 다 같은 자식이라도 자신을 닮은 자식을 더 좋아하게 마련입니다. 이러한 점에 착안해서, 저는 세일즈맨도 고객과 같아져야 한다고 생각합니다. 차를 주문할 때도 고객과 같은 것을 시키면 고객은 자신과 유사한 점이 있다고 판단해 세일즈맨에게 호감을 더 많이 느낀다고 합니다. 고객을 흉내 내다 보면 고객에게 보다 가까이 다가갈 수 있습니다.

이와 관련된 재미있는 옛이야기가 있습니다. 효자의 착한 행동을 불효자가 따라 하다 보니 어느덧 불효자가 효자가 되었다는 이야기인데, 흉내 내기가 어떤 영향을 미치는지 잘 보여줍니다.

어느 날 임금님이 백성들이 사는 고을을 지나가게 되었습니다. 이때 효심이 지극한 청년이 80살이 넘은 어머니를 등에 업고 길 옆에서 있는 것을 임금님이 보고 그 사유를 묻자, 청년은 "저는 30리 밖에 사는 사람인데, 저희 어머니가 임금님 용안을 한 번 보고 죽으면 여한 이 없다면서 소원하시기에 새벽부터 걸어와서 이렇게 여기 서 있었습니다" 하고 대답했습니다.

임금님은 청년의 효심에 감동하여 그 자리에서 많은 상을 내렸습니다. 그때 옆에서 이것을 보고 있던 불효자가 질투심이 나서 급히 집으로 달려가 자기도 어머니를 업고 와서 길 옆에 서 있었습니다. 임금님이 그 청년에게도 똑같이 사유를 물으니 앞의 청년과 같은 대답을 했습니다.

이때 주위에 있던 사람들이 "저 청년은 우리 마을에서 소문난 불효자입니다. 조금 전에 효자가 상을 받은 것을 보고 자기도 상을 받고 싶어 집에 가서 어머니를 업고 온 것입니다"라고 말했습니다. 이 말을 듣고 임금님은 "효자의 흉내를 냈으니 좋은 일이다. 그러니 너도 상을 받아라" 하면서 상을 주었습니다. 상을 받은 불효자는 이후 자신의 잘못을 뉘우치고 착한 효자가 되었습니다.

처음에는 자기도 모르게 아무 생각 없이 행동하다가도 흉내를 내다 보면 그 사람과 같게 된다는 이야기입니다. 이처럼 처음에 일을 잘 모를 때는 흉내를 내면 됩니다. '~하는 척(pretending)' 하면 됩니다. '~하는 척'이 매우 중요합니다.

예를 들어 마치 내가 챔피언이 된 척하면 나에게서 챔피언의 모습이 나오게 됩니다. 그런데 많은 사람들이 세일즈가 어려워지면 패배자의 모습을 보입니다. 목소리가 기어들어가고 표정이 어두워지며 열정이라곤 찾아볼 수 없습니다.

'~하는 척' 하라는 것은 마치 승자가 된 것처럼 행동하라는 것입니다. 내가 저 사람을 감동시킨 것처럼 행동하라는 것입니다. 그렇게 행동하다 보면 어느새 승자가 되어 있을 것입니다. 흉내를 내십시오. 멘토를 정해서 그 사람의 말씨나 목소리, 행동을 흉내 내다 보면 어느 새 그 사람처럼 변해 있는 자신을 발견하게 될 것입니다.

거울신경이 곧 공감신경이다

왜 학부모들은 좋은 학군을 찾아 비싼 대가를 치르면서도 강남으로 이사를 할까요? 왜 사우나에서 옆 사람이 팔굽혀펴기를 한다거나 허리운동을 하면 나도 모르게 몸을 움직이고 싶어질까요? 왜 옆 사람이 열심히 일하면 나도 열심히 일해야겠다는 생각이 들까요?

예전에는 행동과 감정이 전염된다고 생각하는 것이 전부였습니다. 그래서 주변환경이 중요하고 옆 사람의 행동이 중요하다고 생각했습니다. 그런데 이렇게 감정과 행동이 전념되는 이유는 '거울신경 (mirror neuron)'이라는 것이 있기 때문이라는 사실이 밝혀졌습니다.

1996년 이탈리아 파르마 대학교 지아코모 리졸라티 연구팀은 뇌의 신경세포 중 거울신경이 있어 감각기관을 통해 들어온 정보를 거울처럼 비춘다는 이론을 발표했습니다.

지아코모 리졸라티 연구팀은 원숭이의 운동신경에 관한 실험을 하던 중 뜻하지 않게 거울신경을 발견했습니다. 과학자들은 원숭이가 땅콩을 손에 쥐었을 때의 운동피질 활동을 관찰하다가 어느 날은 원숭이들에게 먹을 것을 주지 않았습니다. 원숭이들은 과학자들이 손에 땅콩을 쥔 모습을 보기만 했는데도 땅콩을 쥐었을 때와의 동일한 신경반응을 나타냈습니다. 실험 결과 원숭이는 땅콩을 까는 소리에도 신경세포 뉴런이 활성화된다는 사실이 밝혀졌습니다. 보고 듣는 것만으로도 감정전이가 이루어진 것입니다.

거울신경은 동물이 특정 움직임을 행할 때나 다른 개체의 특정 움직임을 관찰할 때 활동하는 신경입니다. 그러므로 이 신경세포는 다른 동물의 행동을 "거울처럼 반영한다(mirror)"라고 표현됩니다. 그것은 마치 관찰자 자신이 스스로 행동하는 것처럼 느낀다는 뜻입니다.

최근 우리나라에는 〈무한도전〉, 〈슈퍼스타 K〉 등 리얼리티 프로그램들이 화제가 되고 있습니다. 일반인에게도 유명인사가 될 수 있는 기회를 부여하는 이 쇼들의 인기는 끝이 없어 보입니다. 평범한 사람들도 부와 명성의 주인공이 될 수 있다는 점이 이런 프로그램들의 인기 요인이기도 하지만, 이들의 인기에는 더 큰 끌어당김의 요소들이 있습니다. 그것은 눈으로 '보는 것'과 직접 '하는 것'의 차이를 구분하지 못하는 우리의 뇌에 있습니다. 즉 거울신경 때문입니다.

책을 읽으면서 갖가지 감정을 느끼고, 상상만으로도 즐거워하고, 월드컵에서 우리나라 축구선수들이 골을 넣으면 환호성을 지르고, 드라마를 보면서 눈물을 흘리는 것도 거울신경 때문입니다. 또한 콘서트에서 함께 뛰고 박수치고 열광하는 것도 거울신경이 작동하기 때문입니다. 그래서 거울신경을 '공감신경'이라고도 부릅니다.

자신의 어머니나 지인이 아파 간호를 하면 간호하는 사람도 동일한 아픔을 느낀다고 하는데, 이 또한 거울신경의 영향입니다. 작고 하신 법정 스님은 암 투병 중인 이혜인 수녀님에게 "누군가가 아프면 그 친밀도만큼 자신도 아픔을 느낀다"라는 위로의 편지를 보내기도 했습니다.

저는 얼마 전에 〈SBS 희망 TV 요나스쿨〉을 보며 굉장히 감동을 받았습니다. '아프리카에 저렇게 어려운 사람들이 많구나' 하며 공감했고 저도 모르게 ARS전화를 걸었습니다. 저 또한 거울신경이 작동했기 때문에 공감할 수 있었던 것입니다.

사람들은 상대방을 통해 자기 자신을 볼 수 있습니다. 앞에 있는 사람이 열정적이고 긍정적이라면 그 사람을 통해서 거울신경을 느끼고 엄청난 유대감을 느낍니다. 그렇기 때문에 열정적인 사람들이 그렇지 않은 사람보다 더욱 호소력이 큰 것입니다. 제가 알고 있는 한 선배는 여름에 세일즈를 하다가 땀을 흘리면 그것을 닦기보다는 더 열정적으로 뛰어다녀 그 모습을 고객에게 보여준다고 합니다. 거울신경을 통해 고객이 나를 응원하게 만들어야 합니다. 이것을 통해서 고객은 나와 엄청난 유대감을 느낍니다.

또한 세일즈맨이 고객에게 관심을 표명하고 서비스와 사랑을 전달하면 고객의 거울신경은 보다 활성화되어 공감대와 신뢰관계가 형성됩니다. 고객과의 공감대를 형성하는 것은 세일즈의 가장 중요한 기술 중 하나입니다. 고객의 전폭적인 공감을 얻어낼 때 고객과 소통할 수 있게 되어 긍정적인 결과를 얻어낼 수 있습니다.

칭찬의 법칙

칭찬은 고래도 춤추게 한다

칭찬은 세일즈에 있어서 마술과도 같은 역할을 합니다. 세일즈를 잘하는 사람은 칭찬하는 데 굉장히 익숙하고 표현도 자연스럽지만, 세일즈를 못하는 사람은 칭찬하기를 부끄러워하고 표현도 잘 못합니다.

석유사업의 왕 록펠러는 한때 임원들의 잘못으로 큰 손실을 입었습니다. 임원들은 록펠러가 불호령을 내릴 것이라고 걱정하며 책임을 면할 방법을 궁리했습니다. 그런데 임원 중 한 명인 베드포드가 야단맞을 각오로 회장실에 찾아갔을 때, 록펠러는 무언가를 열심히 적고 있었다고 합니다.

"아, 자네구만. 이번에 우리가 입은 엄청난 손실을 알겠지?"

베드포드는 말없이 고개를 떨구었습니다.

"이번 일에 책임 있는 임원들과 이야기를 나누기 전에 몇 가지 사항을 정리하고 있었네."

록펠러가 베드포드에게 보여준 종이에는 책임을 져야 할 임원들의 이름과 그들이 회사에 기여한 일들이 나란히 적혀 있었습니다. 임원들이 회사에 입힌 손실보다 그동안 세운 공헌이 더 크다는 의미였습니다.

훗날 베드포드는 당시의 일을 이렇게 회고했습니다.

"그때의 교훈을 잊지 못합니다. 누군가에게 화낼 정도로 상황이 좋지 않으면, 책상에 앉아 그 사람의 좋은 점을 가능한 많이 적었습니다. 그러다 보면 화가 누그러지고, 호의가 생깁니다. 이 습관 덕분에 사람들에게 함부로 대하지 않고, 한순간의 판단으로 유능한 사람을 잃는 실수도 저지르지 않았습니다."

록펠러는 항상 이렇게 말했다고 합니다.

"주는 것이 무엇일까? 나누어주는 것이다. 웃음을 칭찬을 그리고 사랑을, 다른 이의 아픔을 덜어주는 봉사를, 마을을 위해 이웃의 어려움을 도와주는 일 등등 찾으면 많이 있다. 이것은 결국 나의 삶을 위한 것이다. 나의 인생을 더욱 풍요롭게 하고 나의 삶을 오래 유지하는 길이다."

나폴레옹은 '레종 도뇌르 훈장(군인으로서 공로나 문화적 공적이 있는 사람에게 대통령이 수여하는 훈장)'을 제정해서 1만 5000명의 병사들에게 상을 수여하고, 장군 가운데 18명을 대원수에 임명하고, 자신의 군대를 일등군대라고 불렀습니다. 직함이나 명성을 부여하는 방법을 아주 유용하게 사용한 것입니다. 사람들로부터 전장에서 공적을 세운 용사들을 '장난감'으로 속였다는 비난을 받자 나폴레옹은 태연히 대답했습니다.

"인간은 장난감에 의해 움직인다."

그 결과 나폴레옹은 군대로부터 절대적인 충성을 받았습니다.

칭찬은 긍정적인 힘을 가속화시킨다

이른바 '로젠탈 효과(rosenthal effect)'라는 게 있습니다. 하버드 대학교 심리학과의 로버트 로젠탈 교수가 실험을 통해서 발표한 이론인데, 사람이 살아가면서 기대와 칭찬이 갖는 긍정적 효과를 설명하는 심리학적 용어로 사용되고 있습니다.

1964년 로젠탈은 한 초등학교의 교사집단에게 특정 아이들의 명단을 주고 이들의 지능지수가 높기 때문에 공부를 잘할 거라는 믿음을 심어줬습니다. 그러나 그 아이들은 실제로는 평범한 학생에 지나지 않았습니다. 그런데 학년말에 보니 명단에 올랐던 학생들 대부분의 성적이 크게 향상되었습니다.

칭찬은 이처럼 긍정적인 힘을 더욱 가속화시켜 일을 성취하는 데 결정적인 역할을 합니다. 반면 잘못한 것에 집중하여 그것을 강조하면 할수록 더욱 잘못할 가능성이 커지고 부정적인 힘만 커집니다.

웃음에도 상대의 약점이나 음담패설을 이용하는 저급한 유머가 있고, 촌철살인과 반전을 통해 상황을 역전시키는 고급스러운 유머가 있는 것처럼 칭찬에도 등급이 있습니다. 즉 낯 뜨거운 아부성 칭찬이 있는가 하면, 왠지 들으면 기분이 훈훈해지는 칭찬이 있습니다. 어떻게 칭찬하느냐에 따라 칭찬을 받는 사람의 느낌이 달라지고 효과가 달라집니다.

또한 칭찬을 받으면 보답심리가 강하게 작용하여 책임감을 느끼게 됩니다. 예를 들어 장애인들에게 그들이 잘한 부분에 대해서 진심으로 칭찬을 해주면 눈물을 흘린다고 합니다. 항상 부족하고 못한다고 생각했던 것을 다른 사람에게 인정을 받고 칭찬을 받으면 이 세상을 더 힘 있게 살고 싶다는 욕구가 생기기 때문입니다.

업적보다는 품성을 칭찬하라

제가 본부장이던 시절 강의를 할 때였습니다. 직원들이 강의가 끝난 후 "본부장님, 어쩜 그렇게 말씀을 잘하세요?"라며 인사를 건넸습니다. 대개의 경우 이 말은 칭찬으로 받아들여야 합니다. 그런데 제게는 칭찬으로 들리지 않았습니다. 사실 그런 말은 너무 많이 들어왔고 저는 강의 자체를 즐기고 좋아하는 사람이기 때문에 그런 흔한 말은 칭찬으로 받아들여지지 않는다는 뜻입니다.

그런데 만일 "본부장님, 오늘 말씀을 듣고 제가 강하게 동기부여를 받아서 앞으로 일을 열정적으로 해야겠다고 느꼈습니다" 혹은 "본부장님 강의는 제 영혼을 강타하는 말씀이었습니다"라는 말을 들었다면 저는 매우 감동받았을 것입니다.

이처럼 칭찬을 할 때는 그 사람이 가진 것(have)보다는 그 사람의 능력, 성취(do), 다시 말해 업적을 칭찬하는 것이 효과적입니다. 그리고 이것보다는 그 사람이 어떤 사람인가(be), 품성, 자질, 인간됨을 이야기하는 것이 훨씬 효과적입니다.

제가 세일즈를 시작한 지 얼마 안 된 시절에 마이크로소프트에서 기술이사로 있는 대학원 선배를 만나 첫면담을 했습니다. 이후 가정방문을 하기 위해 목동에 있는 그 선배 집으로 가는데 초조한 마음이 들어 사무실에 있는 선배 에이전트에게 전화를 걸어 물어보았습니다.

"선배님, 제가 오늘 가정방문을 하는데 어떻게 하면 좋을까요?"

"딴 거 없어. 집 칭찬이나 아이들 칭찬을 하면 돼. 집에 처음 방문하는 거니까 그런 이야기를 하면 다들 좋아해."

그런데 집에 딱 들어서자 '집이 참 예쁘네요. 어쩜 이렇게 정리를 잘하셨어요' 하는 말이 차마 나오지 않았습니다. 순간 그다음으로 아이들을 찾아보았습니다. 아이들은 어딨냐고 묻자 애들이 있으면 시끄러울까 봐 옆집에 보냈다고 했습니다. 아이들이 예쁘다는 칭찬 또한 물 건너 간 것입니다. 그다음으로 형수님 외모에 대한 칭찬들이 떠올랐지만 초창기라 칭찬에 서툴렀으므로 그 또한 여의치 않았습니다.

그런데 식탁에 앉아 상담을 하기 직전 드디어 기회의 순간이 왔습니다. 형수님이 과일과 커피를 내오시며 "창국 씨, 이것 좀 드세요" 하는데, 목소리가 너무 좋다는 생각이 들었습니다. 이 기회를 놓치지 않고 그 즉시 물었습니다.

"형수님, 혹시 성악 전공하셨어요?"

"아니, 왜요?"

"목소리가 성악 전공하신 분처럼 너무 아름다우세요."

"그런 이야기를 듣기는 하지만 성악을 전공한 건 아니에요."

이렇게 말하며 부끄러운 듯 미소를 지었습니다. 저는 바로 칭찬을 증폭시키기 위해 말을 이어나갔습니다.

"형수님, 목소리가 아름다운 게 얼마나 축복인지 아세요?"

"그게 무슨 말씀이세요?"

"옛날에 한 젊은이가 있었습니다. 이 젊은이는 능력도 있고 아주 멋진 사람이어서 여자들의 사랑을 한 몸에 받았습니다. 그런데 도저히 결혼 상대자를 못 찾는 겁니다. 그래서 그 젊은이는 유명한 점쟁이를 찾아가 물었습니다. 어떤 사람과 결혼해야 결혼생활도 잘할 수 있고 직장생활도 잘할 수 있느냐고. 그러자 그 점쟁이는 '딴 거 볼 거 없다. 네가 힘들 때나 즐거울 때나 그 사람 목소리가 꾀꼬리처럼 편안하고 아름답게 느껴진다면 그 사람과 결혼해야 한다. 그러면 반드시 사업에서도 성공하고 결혼생활도 편안하게 영위할 것이다'라고 말했습니다. 그래서 그 젊은이는 점쟁이의 말처럼 목소리가 편안하고 아름다운 사람과 결혼해서 사업도 잘되고 결혼생활도 행복하게 유지했다고 합니다. 제가 오늘 선배님 댁에 와서 느낀 건데 선배님이 회사에서도 잘나가고 대학원에서도 인정받고 하는 이유가 다

형수님 목소리 때문인 것 같습니다."

그러자 형수님은 너무 좋아하시며 아주 수월하게 서명을 해주었고 편안하고 즐거운 상황에서 계약을 성사시킬 수 있었습니다.

칭찬을 받으면 몸에서 좋은 호르몬이 분비가 되고 나이를 불문하고 누구나 기분이 좋아집니다. 또한 감성적으로 변하면서 공감대가 형성이 되고 동기부여가 원활해집니다.

상대방의 관심 분야를 칭찬하라

예전에 스포츠센터에서 수영을 할 때 매일 아침 카운터에서 만나는 아르바이트 직원이 한 명 있었습니다. 저는 아침마다 그 직원에게 "좋은 아침!" "수고해요"라는 식으로 인사를 해도 그 직원을 늘 무반응이었습니다.

그런데 그 반응이 너무 신경 쓰이기 시작했습니다. 세일즈를 하는 제가 저 친구 마음 하나 바꾸지 못한다면 그건 아니다 싶어 곰곰이 생각해보다가, 하루는 그 친구가 게임을 하고 있기에 "컴퓨터 게임하고 있어? 잘해?"라고 물어도 반응이 시큰둥했습니다.

그러던 어느 날 "미스터 김, 자네 얼굴을 볼 때마다 느낀 건데 돈을 많이 불러들일 인상인 거 아나?"라고 말했습니다.

갑자기 그 직원이 관심을 보이기 시작했습니다.

"그런 거 좀 볼 줄 아시나 봐요."

"자네 얼굴 표정만 조금 밝게 하면 더 좋겠는데, 얼굴 자체가 재물을 부르는 관상이야. 정말 인상 좋아. 수고해."

그러자 그 친구는 "안녕히 가십시오" 하고 크게 인사를 건넸습니다. 얼마 뒤 그 친구는 아르바이트를 그만두었습니다.

하루는 수영을 하고 있는데 한 친구가 제게 꾸벅 인사를 했습니다. "누구더라?" 했더니 "예전에 왜 돈 많이 벌 인상이라고 하셨잖아요" 하며 크게 웃으며 인사를 한 번 더 하고 갔습니다. 그렇게 무뚝뚝하고 냉소적이던 친구가 나를 잊지 않고 찾아와서 인사를 한 것입니다.

그동안 부모님 식당을 맡아서 운영했는데 하루가 다르게 손님이 늘고 현재는 체인점도 몇 개 내고 해서 이제는 어엿한 사장이 되었다고 자랑을 늘어놓았습니다.

이것이 바로 칭찬의 힘입니다. 칭찬의 방법은 이런 것입니다. 고객에게 스토리를 들려줄 때도 사람들이 관심을 가지고 있는 내용을 다뤄야 하는 것처럼, 칭찬 또한 상대방의 관심 분야에 대해 이야기해주어야 합니다.

저는 고교동문회 모임에 자주 나가는데, 저보다 많게는 17년 정도 나이 차이가 나는 분들도 자주 뵙곤 합니다. 그분들 가운데 종합건설회사 사장을 맡고 있는 멋진 분이 있습니다. 자수성가한 데다 추진력도 뛰어나고 리더십도 강한 분입니다. 모임에 들어간 지 얼마 안 되었을 때 그분과 같이 사우나에 가게 되었습니다. 서로 낯도 익지 않은 상태라 조금 어색하고 불편했습니다. 사우나를 마친 뒤 생각을 해보았습니다.

'저 선배님이랑 조금 더 친해질 방법이 없을까?'

역시 칭찬밖에 없었습니다. '젊어 보이시네요. 멋있으시네요.' 이런 흔한 말들은 하기 싫었습니다. 그래서 저는 "선배님, 선배님에게는 활력과 에너지가 느껴집니다. 그만큼 젊어 보이신다는 얘기죠"라고 말했습니다.

"아, 그래?" 하며 그분은 아주 기분 좋은 표정을 지어 보였습니다.

"이건 아주 중요한 이야기입니다. 선배님께서 그렇게 활력과 에너지가 넘치시니 사업이 잘되시는 겁니다. 성공하는 사람들에게는 3V라는 게 있습니다. 첫 번째, 확고한 자기 Vision, 선배님께서는 확고한 Vision이 있었기에 안정된 직장을 박차고 나와 사업에 성공할 수 있었다고 생각합니다. 두 번째 Venture 정신, 모험심이 있습니다. 위험을 감수하고 이러한 사업에 뛰어들어 성공할 수 있었던 정신이죠. 그리고 무엇보다 세 번째 Vitality 활력이 느껴집니다. 그러니 선배님께서 성공을 안 하래야 안 할 수 있겠습니까?"

2개월이 지난 뒤 다시 그 모임을 찾았을 때 그 선배님이 제 칭찬을 어찌나 했던지 제가 아주 예의 바르고 괜찮은 후배로 정평이 나 있었습니다.

아기가 걷기 위해서는 3만 번의 칭찬을 받아야 제대로 걸을 수 있다고 하니 칭찬의 힘을 어찌 대단하다 하지 않을 수 있겠습니까? 커뮤니케이션이라는 것은 결국 그 사람이 듣고 싶은 이야기를 하는 것입니다. 내 자신이 하고 싶은 이야기를 하는 것이 아닙니다. 그 사람이 듣고 싶은 이야기를 내가 잘 각색해서 내가 하고 싶은 이야기와 버무려 들려줄 때 가장 효과가 뛰어납니다.

아프리카의 어느 부족은 누군가 죄를 지으면 처벌하기보다는 마을 사람들이 둘러서서 그 사람의 좋은 점이나 과거에 잘한 일에 대해서 칭찬을 한마디씩 한다고 합니다. 칭찬을 통해 자신의 죄를 더욱더 뉘우치게 할 수 있다고 생각하기 때문입니다.

칭찬의 형태는 위로, 격려, 인정, 승인, 이해 등 다양한 형태로 나타나지만 칭찬의 힘은 삶에 대한 용기로 나타납니다. 세일즈에서도 칭찬을 잘 활용하기 바랍니다. 반드시 성공의 지름길로 여러분을 인도할 것입니다.

목소리의 법칙

사람을 강하게 만드는 것은 사람이 하는 일이 아니라,
하고자 노력하는 것이다.

– 어니스트 헤밍웨이

보컬 파워를 길러라

왜 사람들은 적금을 들고 보험이나 연금에 가입하는 것일까요? 돈이라는 것은 목적을 가지는 순간 생명력을 가지기 때문입니다. 하지만 목적이 없으면 생명력을 잃게 됩니다. 만약 세일즈맨의 잦은 권유로 인해 어떠한 목적도 없이 금융 상품에 가입했다면 얼마 지나지 않아 해지하는 경우가 많습니다. 그것은 돈의 목적이 없기 때문에 생명력을 잃은 탓입니다.

세일즈맨의 언어에도 이와 비슷한 성격이 있습니다. 언어는 신념과 열정을 가지는 순간 생명력을 가지기 때문입니다.

목소리는 악기로 따지자면 바이올린이나 기타의 현과 같다고 생각합니다. 현이 너무 처지거나 너무 팽팽하면 예쁜 소리를 내지 못합니다. 적당한 긴장감이 있어야 아름다운 소리를 낼 수 있습니다.

바꿔 이야기하면 전화 통화를 하거나 만남을 가졌을 때 목소리가 좋으면 그다지 좋은 인상이 아니더라도 상대방은 호감을 느끼게 됩니다. 그러므로 세일즈맨은 항상 좋은 목소리를 준비해놓아야 합니다. 그래야 언제 어디서든 보컬 파워를 발휘할 수 있습니다.

보컬 파워를 가지려면 우선 언어나 음색, 자세가 좋아야 합니다. 언어나 음색이야 당연히 좋아야 하겠지만 '전화 통화를 할 때는 상대방을 볼 수 없는데 왜 자세가 좋아야 하지?'라는 의문이 드는 사람들이 많을 것입니다. 일반적인 생각과 달리, 전화 통화를 할 때 몸을 꾸부정하게 하거나 자세가 좋지 않으면 힘이 있는 목소리를 낼 수 없습니다. 그렇기 때문에 자세가 중요하다는 것입니다.

자세를 똑바로 하고 거울로 자신의 표정을 점검하며 '파' 이상의 '솔' 음으로 "반갑습니다. △△ 사의 ○○○입니다"라고 연습을 하기 바랍니다. 마치 고객과 상담하는 것처럼 말입니다.

고객을 만나서 악수를 나누고 인사를 할 때도 마찬가지입니다. 자세를 똑바로 하고 눈빛을 마주한 채 당당한 목소리로 인사를 해야 합니다. 이때도 자세를 꾸부정하게 하면 횡격막 쪽을 압박해서 자신도 모르게 자세가 위축되어 좋은 목소리가 나오지 않습니다.

　　　미국의 국회의원이나 정치인들은 보컬 트레이닝을 따로 받는다고 합니다. 그만큼 그 사람들은 목소리의 중요성을 알고 있다는 이야기입니다. 목소리는 그냥 목에서 나오는 것이 아니라 정신적인 차원, 신체적인 차원, 영혼적인 차원이 한데 어우러진 하나의 결합체입니다. 저 또한 세일즈를 하면서 위축되거나 긴장되거나 기분이 저하되어 있으면 저도 모르게 목소리에 힘이 빠집니다.

　그러나 책이나 강의를 통해서 동기부여를 받거나 감동을 받으면 목소리가 달라지는 것을 스스로 느낍니다. 목소리에 자신이 생기고 영혼이 실려 있다는 느낌이 들기 때문입니다. 사람을 움직이게 하고 동기부여 시키는 것은 좋은 인상이나 언변이 큰 영향을 미치겠지만 목소리가 주는 파급효과 또한 굉장합니다.

　홍콩으로 여행을 갔을 때의 일입니다. 버스 안에서 안내를 해주는 여행가이드의 프레젠테이션이 귀에 쏙쏙 들어오고 너무 재미가 있었습니다. 그래서 그녀에게 가이드를 한 지 얼마나 되었냐고 물어보았습니다. 그리고 그녀의 프레젠테이션이 돋보이는 이유를 알게 되었습니다. 그것은 바로 내면에서 나오는 준비된 자신감이었습니다. 프레젠테이션을 하는 내내 밝은 미소를 띠고 있었으며 손짓을 포함한 제스추어 또한 아주 세련됐습니다. 그녀는 항공기 승무원 출신이었기 때문에 미소와 바디 랭귀지의 트레이닝 결과를 십분 발휘하고 있었습니다.

　보험회사에서도 R/P(roleplayinig)을 합니다. R/P는 고객과 일대일 상담이 이루어지는 것을 가정하고 플레이어(player)와 클라이언트

(client)로 나누어 역할연기를 하는 것인데, 상담내용뿐만 아니라 본인의 목소리 상태, 자세 등을 훈련합니다. 왜냐하면 목소리는 준비된 자신감과 훈련, 그리고 R/P를 통해서 개선될 수 있기 때문입니다.

페르소나를 선언하라

목소리를 좋게 하기 위해서는 자신의 페르소나(persona)를 선언하기 바랍니다. 페르소나는 본래 연극배우가 쓰는 가면을 가리키는 말인데, '외적 인격' 혹은 '가면을 쓴 인격'을 뜻합니다. 영화에서는 종종 감독 자신의 분신이자 특정한 상징을 표현하는 배우를 지칭하기도 합니다. 예를 들어 홍콩 배우 주윤발은 오우삼 감독의 페르소나라 할 수 있습니다. 이런 페르소나를 활용하면 자신도 모르게 뛰어난 능력을 발휘하게 됩니다.

초보자와 골프를 칠 때와 골프 황제 타이거 우즈와 칠 때를 상상해봅시다. 아마도 초보자와 할 때는 자신의 실력을 제대로 발휘하지 않고 대충 할 것입니다. 반면 타이거 우즈와 친다면 경기에 임하는 자세가 달라지고 긴장감도 배가될 것입니다. 그 결과 평소 자신이 가진 것보다 월등한 실력을 발휘하게 됩니다.

이처럼 자신이 원하는 정체성을 선택하면 아주 간단하게 실력이 향상됩니다. 어떻게 생각하고 느끼는가에 따라 실제 상황이 달라질 수 있습니다. 같은 장소에서 시나리오만 바꾸었을 뿐인데 그 사람의 행동이 달라집니다. '앞으로 나는 다른 사람에게 어떤 사람으로 보이기를 원하는가?' 그런 페르소나를 선언해야 합니다. "나는 최고의 세일즈맨이 될 거야"라는 선언을 하고 자신의 목소리를 내는 것과 그렇지 않은 사람과의 결과는 천양지차입니다.

두려움을 극복하라

어떤 고객과 1차면담을 마치고 가정방문을 하러 갔을 때의 일입니다. 보험 세일즈를 시작한 지 얼마 안 된 때라 걱정이 밀려왔습니다. 집 앞에서 초인종을 누르기 전에 두려움을 없애기 위해 기도를 했습니다. '제가 오늘 이 계약을 꼭 성사시켜서 이들이 제 고객이 되도록 해주십시오.' 그때만큼은 정말 종교가 없다는 것이 후회가 되었습니다. 하지만 '오늘 제 이야기들이 듣는 이의 심장을 관통하게 해주십시오'라는 절실한 주문을 걸고 들어서자 훨씬 긴장이 풀어지고 자신감이 생겼습니다.

모든 긴장은 두려움에서 나옵니다. 목소리를 좋게 하기 위해서도 두려움을 극복해야 합니다. 두려움을 극복하는, 아주 간단하지만 매우 효과적인 세 가지 방법이 있습니다. 두려움이 생길 때 반드시 실천해보기 바랍니다.

1. 감사한 마음으로 기도하라

자신의 존재에 대해서 부모님이든 하느님이든 누군가에게 먼저 감사하는 시간을 가져야 합니다. 그리고 고객을 위한 기도를 하고 그 사람이 자신의 고객이 될 수 있도록 기도를 해야 합니다. 늘 감사하는 마음을 가지고 기도를 하는 것은 항상 자신이 동기부여 상태에 있다는 것을 의미하므로 상대방인 고객을 동기부여 시키기가 굉장히 수월합니다. 보험은 무형의 상품을 판매하는 것이기 때문에 본인이 동기부여되지 않으면 상대방을 동기부여 시킬 수 없습니다.

2. 마음속의 자신의 언어를 외쳐라

자신의 언어란 스스로를 동기부여할 수 있는 단어를 말합니다. 어떤 말이어도 상관없습니다. 저는 '주체할 수 없는 자신감' '감당할 수 없는 용기' '벼락같은 축복' '나는 내 자신이 너무 자랑스럽다' 등을 자주 사용합니다.

3. 심호흡을 하고 마음을 편안히 해라

갓 태어난 아기는 복식호흡을 하는데 성장하면서 성격이 조급해지고 호흡이 점점 위로 올라간다고 합니다. 복식호흡을 하면서 숨을 길게 내쉬고 들이쉬면 집중력이 향상되고 영적인 에너지를 얻을 수 있게 됩니다.

본능의 법칙

인생은 짧은 담요와 같다. 끌어당기면 발이 시리고 끌어내리려면 어깨가 싸늘하지만 밝고 긍정적인 사람과 발을 덮고 맛난 대화를 나눈다면 따뜻한 겨울밤을 보낼 수 있다.

– M. 하워드

본능적으로 무의식적으로 끌리게 하라

세일즈에서 본능을 이해한다는 것은 생물학적인 관점, 진화론적인 관점에서 인간을 본다라는 의미입니다. 예를 들면 스토리는 선사시대 때부터 전해 내려온 인간의 커뮤니케이션 기술입니다. 그러니 누구나 스토리를 좋아하게 마련입니다. 지금도 아프리카의 한 부족은 오래된 족장이나 할아버지가 죽으면 한 권의 책과 지혜가 사라진다고 말합니다.

학창시절 수업시간에 선생님이 '이건 여담인데……'라고 말하는 순간부터 갑자기 졸리던 눈이 떠지고 흥미가 생겼던 기억이 떠오를 것입니다. 마찬가지로 세일즈에서도 "재미난 이야기 하나 들려드리겠습니다"라고 운을 떼는 순간 고객들은 경계심을 풀고 눈을 깜빡이며 들을 준비를 갖춥니다.

심리학에서는 색깔이 인간의 본능에 미치는 영향이 매우 크다고 봅니다. 색깔이 인간에게 주는 심리적인 효과를 활용해 스트레스를 줄이고 삶의 활력을 키우는 정신적 치료요법을 '컬러 세라피(color therapy)'라고 합니다. 차병원 미술치료클리닉의 김선현 교수는 "색채가 직관적인 의미와 느낌을 전달하는 강렬한 메시지라는 사실은 다양한 과학적 의학적 연구로 증명된 것"이라며 "이를 잘 활용하면 신체와 정신, 감정을 조화시키고 회복하는 데 도움이 된다"라고 말했습니다.

호주의 모 감옥에서 죄수들이 난폭해져서 죄수복 색깔을 분홍색으로 하고 실내를 밝게 했더니 죄수들이 훨씬 부드러워지고 교화가 잘되었다고 합니다. 이는 색깔에 대한 인간의 본능을 보여주는 사례입니다.

사람들은 붉은색 계열에 더 흥분하고 호감을 느낍니다. 붉은 열매를 채집해 먹고살던 시절의 기억이 인간의 DNA에 입력이 되어서 그렇다고 합니다. 특히 붉은색에 대한 여성들의 반응은 더욱더 적극적이어서, 동일한 남성이 붉은색 옷을 입으면 다른 색 옷을 입었을 때보다 더 호감을 보인다고 합니다.

세일즈맨도 고객의 본능에 호소할 수 있어야 하고 본능적으로 끌리게 할 수 있어야 합니다. 고객을 만났을 때 '나는 당신을 사랑합니다'라든지 '나는 당신을 매우 좋아합니다'라는 표현을 쓰는 것이 아주 효과적입니다. 이러한 표현은 무의식적인 표현이기 때문에 굉장히 파워풀한 힘을 지니고 있습니다. 이것은 "논리적인 것은 의식적이지만 감성적인 것은 무의식적이다"라는 말과 관련 있습니다.

무의식적이라는 것은 오랫동안 진화 과정을 거치면서 인간의 DNA에 깊숙이 인식되어 있다는 의미입니다. 이는 본능을 일컫습니다. 인간의 뇌는 세 층으로 구성되는데, 1층은 생명의 뇌, 2층은 감정의 뇌, 3층은 이성의 뇌입니다. 생명의 뇌는 호흡·심장 박동·혈압 조절 등과 같은 생명 유지에 필요한 기능을 담당하는데 '파충류의 뇌'라고도 합니다. 감정 표현은 포유류 고유의 행동이므로 감정의 뇌를 '포유류의 뇌'라고 합니다. 고도의 정신 기능과 창조 기능을 관할하고 있는 이성의 뇌는 인간만이 가진 뇌이므로 '인간의 뇌'라고 부릅니다. 결국 인간의 본능은 파충류의 뇌에서 관장한다고 볼 수 있습니다.

인간의 욕구를 강도와 중요성에 따라 5단계로 분류한 '매슬로의 욕구 5단계설'에서도 본능은 강력한 호소력을 가집니다. 1단계는 생물학적 존재로서의 느끼는 '생리적 욕구'입니다. 2단계는 '안전과 안정 욕구'로 이 욕구가 충족되지 못하면 불안과 두려움을 느낍니다. 3단계는 '사랑과 소속감에 대한 욕구'입니다. 4단계는 '존경 욕구'입니다. 이는 타인의 인정과 사회적 지위에 대한 욕구입니다. 5단계는 '자기실현 욕구'입니다. 1~4단계를 '결핍욕구'라고 하고 5단계를 '존재욕구'라고 하는데 낮은 단계일수록 인간이 더욱 강력하게 느끼는 욕구입니다.

따라서 가장 낮은 단계의 욕구를 자극하는 감성적인 표현을 진심 어린 눈빛을 담아서 상대방에게 건넨다면 매우 효과적일 것입니다.

비키 쿤켈의 《본능의 경제학》에는 다음과 같은 이야기가 나옵니다.

두 곳의 주방용 제품이 있습니다. 가격과 품질, 기능면에서 모두 동일하고 차이가 있다면 홍보 방식뿐입니다. 첫 번째 회사의 직원은 말합니다.

"이 제품을 사용하면 사장님은 썰기와 다지기, 저미기, 깍뚝썰기, 으깨기 등을 빛의 속도로 하실 수 있습니다."

두 번째 회사의 직원은 비슷하지만 약간 다른 방식으로 홍보합니다.

"이 제품은 썰기와 다지기, 저미기, 깍뚝썰기, 으깨기 등을 정말 빛의 속도로 해냅니다."

사람들의 마음에 더 어필하는 표현은 무엇일까요? 두 번째 방식입니다. 이런 현상을 들어 진화심리학자들은 '인간의 보편성'이라고 합니다. 이때 인간의 보편성이란, 세계 모든 문화권에서 신경학적으로 정상인 사람들에게서 나타나는 공통적인 특성을 말합니다. 인간의 보편성은 우리의 가장 깊은 내면, 즉 원초적이고 본능적인 수준에서 우리 자신을 반영하기 때문에, 그러한 보편적 특성들은 소비자들에게 즉각적인 유대감을 창출시키는 강력한 요소가 됩니다. 일명 '최소 노력의 원칙(principle of least effort)'이 그것입니다.

만약 고객의 부주의로 인해 보험사고가 발생했을 경우, 제가 "고객님, 걱정 마십시오. 보험금 수령에서부터 모든 것을 다 해결해드리겠습니다"라고 말하면 이는 고객의 본능에 호소하고 있는 것입니다. 그리고 종신보험을 설명할 때 "이 보험 하나면 생로병사, 사고, 상해 모든 것이 해결됩니다"라고 강하게 말하면 고객들은 무의식적으로 자신의 모든 문제가 해결되었다고 생각합니다.

'바로, 지금, 현재'를 이야기하라

예전에 대선 후보였던 권영길 후보가 대선 홍보 캠페인을 벌일 때 "살림살이 좀 나아지셨습니까?"라는 문구를 사용했습니다.

비록 권영길 후보는 낙선했지만 이 문구만큼은 아주 강력한 힘을 발휘했습니다. 사람들 사이에 급속도로 퍼져나가 널리 유행이 되었고 개그 소재로 활용되기도 했습니다. 그 어떤 정책보다 더 강력하고 호소하는 문구였기 때문입니다.

이 사례는 1980년대 미국의 로널드 레이건 대통령이 했던 방식과 비슷합니다. "4년 전보다 형편이 좀 나아지셨습니까?" 레이건은 인간은 미래에 대해 생각하기보다 현재를 최우선으로 걱정하도록 타고난다는 점을 이해하고 있었습니다. 물론 의식적으로는 미래를 걱정하지만 인간 행동의 진짜 원동력인 무의식은 오직 현재만을 걱정한다고 합니다. 무의식이 아무런 걱정이 없어야 의식이 작동하기 때문입니다.

정치인들은 선거철만 되면 "당선되면, 여차저차 하겠습니다"라고 말합니다. 그러나 사람들은 미래에 대해서는 그다지 생각하지 않습니다. 사람들이 관심을 갖는 것은 '지금, 현재'입니다. 그래서 영리한 정치인들은 현재와 연관된 사람들의 무의식적 선입관과 최소 노력의 원칙을 하나로 조합합니다. "지금 우리는 ○○도전에 직면했습니다. 나의 △△시스템은 그 문제를 '자동으로' 해결해줍니다"와 같은 식으로 설득하는 것입니다. 어떠한 정책을 호소하고 더 큰 과제를 해결해준다고 말하더라도 현실적으로 와 닿는 이야기로 사람들에게 정확히 다가가는 쪽에 더 끌리기 때문입니다.

마케터들 또한 "지금 시작됩니다" "즉시 배송이 됩니다"와 같은 표현들이 소비자들에게 저항할 수 없는 매력으로 작용한다는 사실을 알고 있습니다.

보험의 혜택 또한 현재, 바로, 지금, 여기서부터 시작됩니다. 우리는 이러한 효과를 고객에게 강하게 말할 수 있어야 합니다. 왜 현재부터 혜택을 받을 수 있는지에 대한 사례나 이야기들을 고객에게 표현하고 직접 느끼게 해주어야 합니다.

제가 아는 고객 중에 인천에서 사업을 하시는 분이 있습니다. 자동차보험이 만기가 되어 이분이 다른 보험에 가입하려는 찰나에 사고가 났습니다. 참 신기한 일입니다. 보험이라는 게 가입하고 있을 당시에는 아무 일도 없다가도 고민을 좀 한다고 결정을 미루는 몇일 사이에 불행히도 사고가 납니다. 이러한 사례를 들며 저는 고객에게 다음과 같이 이야기합니다.

"보험의 혜택은 현재, 지금부터 반드시 준비가 되어 있어야 합니다. 혜택은 우리가 보험을 가입하며 마음의 평화를 느끼는 이 순간부터 시작되는 것입니다."

현재 문제가 없어야 된다는 것을 고객에게 표현하고 인식시켜야 합니다.

새해 아침이면 사람들은 굳은 결심을 합니다. '올해는 10킬로그램을 뺄 거야'라고 결심했다고 가정해봅시다. 이러한 결심을 지키기는 정말 어렵습니다. 10킬로그램을 빼야 되겠다는 의식은 현재의 잠재의식과 충돌하기 때문입니다. 그렇기 때문에 장기적인 목표보다는 작은 성취, 작은 도전을 이루는 것이 훨씬 효과적입니다. 꿈을 크게 갖는 것과 실천하는 것은 다릅니다. '어제보다 나은 오늘의 내가 되겠다'라는 식의 목표를 갖는 것이 좋습니다.

화성에서 온 남자, 금성에서 온 여자

화성(火星)은 로마 신화에 등장하는 전쟁의 신 마르스의 이름을 따 마르스(Mars)라 부르며 불을 의미하기도 합니다. 그리고 금성(金星)은 사랑과 미의 여신의 이름을 따서 '비너스'라고 부릅니다. 남성을 화성에 비유하고 여성을 금성에 비유하는 것은 정말 적절한 비유인 것 같습니다.

남자는 목표지향적이고, 여자는 관계지향적입니다. 그래서 여자는 대인관계에서 불행하다고 느끼면 일에 집중할 수 없고, 남자는 일에서 불행하다 싶으면 대인관계에 집중할 수 없다고 합니다.

영국의 모 심리학자가 초등학교 횡단보도 앞에서 실험을 했습니다. 횡단보도 건너편에서 부모들이 아이를 불렀을 경우, 남자아이들은 좌우를 살피지 않고 무조건 횡단보도를 건너오는 반면 여자아이들은 좌우를 유심히 살피고 길을 건너왔다고 합니다. 이처럼 남자들은 좌우는 신경 쓰지 않고 앞만 보고 달려가는 '터널시야'를 갖고 있습니다.

존 그레이 박사는 《화성에서 온 남자, 금성에서 온 여자》에서 남녀 관계 갈등의 원인을 다음과 같은 비유를 들어 알기 쉽게 설명했습니다.

> 남자와 여자는 의사 전달 방법뿐만 아니라 생각하고 느끼고 지각하고 반응하고 행동하고 사랑하는 것 등등 모든 영역에서 다릅니다. 화성남자는 목표를 위해 끊임없이 노력하고 이것을 위해서 관계를 희생하면서까지 성공과 능력에 집착합니다. 하지만 금성여자는 성공이나 능력 등의 목표보다는 사람과의 관계를 중요시합니다. 그녀가 사랑하는 사람과 가족, 이웃, 친구의 원만하고 진실된 관계에서 여자는 안락함과 행복을 느낍니다.

화성남자는 스트레스를 심하게 받을 때나 심각한 고민이 있을 때는 평소의 모습과는 달리 말수가 줄어들거나 관심을 끊고, 오직 그 문제 몰두해 스스로 해결책을 모색합니다. 반대로 금성여자는 스트레스가 심해지면 누군가와 끊임없이 이 문제에 대해 대화를 주고받습니다. 즉 관계를 통해서 자신의 문제를 해결하고 관계를 더욱 돈독히 해나갑니다. 이런 차이가 있기 때문에 서로 갈등이 생기게 마련입니다. 남자는 누군가가 자기를 필요로 한다고 느낄 때 힘이 솟

구치고, 여자는 누군가가 자기를 사랑하고 있다고 느낄 때 마음이 움직입니다.

　중국 진나라에 예양이라는 사람이 있었습니다. 그는 보잘것없는 떠돌이였습니다. 하지만 진나라 왕 지백은 떠돌이인 예양을 국사, 즉 왕의 선생으로 모셨습니다. 그런데 지백이 조나라의 양자(襄子)를 공격하다가 전사했습니다. 예양은 떠돌이인 자기를 알아주고 국사로 임명한 지백을 위해 양자에게 복수하려고 조나라로 떠났습니다.
　예양은 복수를 하기 위해 떠나면서 이런 말을 했습니다.
　"남자는 자기를 알아주는 사람을 위해 목숨을 바치고 여자는 자기를 사랑하는 사람을 위해 화장을 고친다."
　그러나 예양은 복수는커녕 양자에게 잡혀서 죽게 되었습니다. 양자가 물었습니다.
　"너는 왜 나를 죽이려고 하느냐?"
　예양이 대답합니다.
　"명군은 사람의 의지를 방해하지 않고, 충신은 이름을 위해 죽음도 사양하지 않습니다. 나는 나의 주군 지백을 죽인 당신을 용서할 수 없습니다. 나는 웃으면서 죽겠습니다. 당신의 옷이라도 벗어주면 그것을 베고 그것으로 복수를 한 것으로 간주하고 죽겠습니다."
　그 말을 들은 양자가 옷을 벗어주자 예양은 양자의 옷을 베고 그것으로 지백의 원수를 갚는 것으로 여기고 자결했다고 합니다.

고객에게 지인 소개를 요청해도 남녀의 차이가 확연히 나타납니다. 남자들에게 소개 요청하면 소개를 잘해주지 않습니다. 혹시 소개를 했는데 계약을 못하거나 거래가 성립되지 않으면 두 사람 모두에게 미안하다고 생각합니다. 목표지향적인 사고를 하기 때문입니다. 그러나 일단 소개를 하고 나면 적극적으로 행동합니다. 소개자에게 금액까지 제시하며 모든 것이 완성될 때까지 지속적으로 계약할 것을 요청합니다.

그러나 여자들은 정말 멋진 사람이 있는데 한 번 만나보라고 일단 소개부터 해줍니다. 소개를 시켜주는 목적이 계약에 있는 것이 아니라 내가 가입한 상품, 나를 담당하는 에이전트에 대한 자랑과 확신이 먼저입니다. 소개자를 통해 본인의 선택에 대한 확신을 얻고 싶기 때문입니다.

가망고객을 늘리려면 여성을 공략하라

여자 고객에게 마케팅을 할 때는 배려하는 태도와 개인적인 친분관계 그리고 '당신을 존중하겠습니다'라는 말을 해주고, 남자 고객에게 마케팅을 할 때는 인정과 신뢰 그리고 '당신이 최고입니다'라는 말을 해주는 것이 효과적입니다.

여자들은 이야기할 때 '세라토닌(항우울제)'이란 물질이 남자들보다 많이 발생합니다. 세라토닌은 수다를 떨 때, 탄수화물을 섭취할 때, 초콜릿 등 군것질할 때 생깁니다. 반대로 배가 고프고 말을 못할 때는 세라토닌이 생성되지 않습니다. 그렇기 때문에 여자들에게는 관계를 지속하는 마케팅이 필요합니다. 이런 호르몬들도 나이가 들어감에 따라 변하기도 합니다. 여자들은 40대가 넘어가면 남성호르몬의 분비량이 많아져서 조금 더 공격적이 되고 남자들은 남성호르몬의 분비량이 줄어들어 조금 더 조용한 성향으로 바뀝니다.

이번에는 남자와 여자의 생리적인 차이점을 들어보겠습니다.

남자는 시각적이고 후각적이며 여자는 촉각적이고 청각적입니다. 이것을 인류학적인 관점에서 살펴보면 남자는 사냥에 적합하도록 시각과 후각이, 여자는 채집과 양육에 적합하도록 촉각과 청각이 더 발달되었다고 합니다. 그래서 남자는 여자를 처음 볼 때 본능적으로 쭉 훑어봅니다.

반면 여자들은 전화기 너머로 들려오는 따뜻한 말 한마디나 사랑스러운 스킨십에 크게 반응을 합니다. 실제로 부부관계가 좋지 못한 동료에게 일주일 동안 "당신 고생이 많지" 하며 부인을 3분 정도만 안아주라고 한 적이 있었습니다. 그러자 월요일부터 시작해 5일째 되던 금요일 밤에 부인이 눈물을 흘렸다고 합니다. 따뜻한 말 한마디와 사랑스러운 포옹이 화해의 물꼬를 튼 것입니다.

우리는 이러한 남녀의 차이점을 남녀의 쇼핑을 통해서도 찾아볼 수 있습니다. 남자는 마음에 드는 물건을 발견하면 즉시 구매를 하고 쇼핑을 끝냅니다. 주위 사람들이 칭찬을 해주면 좋아하고 거기서 쇼핑은 완벽하게 마무리가 됩니다. 하지만 여자는 다릅니다. 자신이 산 스카프나 옷이 친구들에게 인정을 받고 또 자랑을 해야 된다고 생각합니다. 뿐만 아니라 자기가 산 스카프가 예쁘다고 칭찬받으면 그 가게에 친구들을 데리고 가서 소개시켜주어야 쇼핑이 끝난다고 생각합니다. 세일즈에서 가망고객을 지속적으로 그리고 효과적으로 늘리고 싶다면 여성을 공략해야 합니다.

제가 아는 선배 가운데 20년 동안 생명보험업계의 명예의 전당이라 여겨지는 MDRT 회원으로 활동하고 계신 분이 있습니다. 이분은 겉보기에는 말도 약간 어눌하고 세일즈를 잘할 것 같지 않은데, 알고 보니 그분만의 철칙이 있었습니다.

계약 시 가정방문은 물론이고 저녁에 귀가해 가족과 식사를 한 뒤 자신의 서재로 들어가서 저녁 8~9시까지 고객들에게 안부전화를 한다고 합니다. 전화를 하면 보통 집안의 안주인인 여자 분들이 전화를 받는데, 대부분 이런 안부전화를 반갑게 맞이하고 지인 소개도 적극적으로 해준다고 합니다. 이런 행동 또한 여자들이 관계지향적이라는 사실을 인식한 데서 나타난 것입니다.

세일즈의 출발은 차이점을 인정하는 것에서 시작합니다. 다들 나이가 다르고 성별이 다르고 직업이 다르고 근본적으로 생각이 다릅니다. 이러한 차이점을 인정하고 이해한다면 좀 더 상대방의 입장에서 연출하고 행동할 필요가 있습니다. 특히 남녀의 차이점을 생각하고 인정하게 된다면 세일즈에서 직면하는 여러 가지 문제를 보다 쉽게 해결할 수 있을 것입니다.

해피콜의 법칙

소중한 사람을 만나는 것은 1분이 걸리고, 그와 사귀는
것은 1시간이 걸리고, 그를 사랑하게 되는 것은 하루가
걸리지만 그를 잊어버리는 것은 일생이 걸린다.

- 장영희 교수

음의 활동이 양의 활동을 가져다준다

보험 에이전트가 가망고객으로 발굴할 사람들은
어떤 사람이 좋을까요? 흔히들 첫째는 보험료의 납입능력, 둘째는
접근 가능성, 셋째는 건강, 넷째는 보험에 대한 니즈가 있어야 된다
고 말합니다.

저는 이 네 가지 기준보다 더 중요한 포인트가 있다고 생각합니
다. 바로 가슴이 따뜻한 사람입니다. 이것은 영향력이 있고 사교성

이 많으며 신뢰가 두터운 사람을 함축하는 의미입니다. 절대 놓쳐서는 안 되는 사람입니다. 의외로 이런 사람들은 주변에 아는 사람이 많습니다. 이런 사람은 또 다른 가망고객을 확보할 수 있는 원천이므로 시간과 지식을 투자해야 할 대상입니다.

가망고객들을 확보하기 위해서는 우선 시간을 내 편으로 만들어야 합니다. "시간을 내 편으로 만들어라"는 말은 시간이 지나면서 내가 고객들에게 무언가를 하면 그 고객은 내 고객이 된다는 말입니다. 내가 아무 활동을 하지도 않으면서 시간을 내 편으로 만들기는 어렵습니다. 보험 세일즈에서 직접적으로 계약을 하기 위한 일련의 과정을 '양의 활동'이라 하고 계약 전후의 관리활동을 '음의 활동'이라고 합니다.

양의 활동이란 전화접근, 첫만남, 2차면담, 청약 등을 말합니다. 음의 활동이란 가망고객을 발굴하는 과정을 말하는 것으로, 고객 소개받기라든지 고객 리뷰 등 당장은 결과를 얻을 수 없는 활동을 말합니다. 세일즈에 있어 음의 활동은 굉장히 중요한 부분을 차지합니다.

가슴이 따뜻한 사람을 내 고객으로 만들기 위해서는 시간이 갈수록 그 사람이 나를 신뢰하고 더욱 친밀감을 느끼도록 해야 합니다. 그러기 위해서는 첫 만남 이후 반드시 지속적으로 연락을 취해야 합니다. 음의 활동이 소리 없이 이루어져야 한다는 것입니다. 음의 활동 중의 하나로 전화와 DM이 있습니다.

예를 들어 몇 번의 상품 설명, 판매 권유 등의 양의 활동을 했다면 그 사이사이에 음의 활동이 이루어져야 합니다. 중간 중간 편지를 보내고 판매 후에도 땡큐레터나 음반, 책 선물을 보냅니다.

고객은 에이전트를 만나면서 여러 가지 감정의 기복을 느낍니다. 몇 번의 면담이 이어지면서 가족을 위해서 혹은 본인의 미래를 위해서 뭔가를 준비해야 한다는 절박한 마음이 생기고 청약과 함께 이러한 불안한 마음은 안도와 안심으로 바뀝니다. 그러나 아무리 절박한 마음이라도 고작 며칠이 지나면 그러한 기분은 반감됩니다. 이때 음반이나 책 혹은 땡큐레터는 고객이 에이전트를 만나서 느꼈던 마음을 다음번 만날 때까지 유지시켜주고 청약 시 가졌던 행복했던 마음을 지속시켜주는 역할을 합니다.

이러한 과정을 거쳤음에도 계약이 이루어지지 않은 사람은 가망고객군으로 분류를 한 뒤 지속적인 편지나 전화, 방문으로 계속 관리를 해야 합니다.

이런 식으로 가망고객군을 확보하면 계약은 순차적으로 이루어집니다. 이것이 시간을 내 편으로 만드는 방법입니다. 이때 고객에게 보내는 메시지는 반드시 동기부여를 받을 수 있는 내용이어야 합니다.

고객에게 지속적으로 음의 활동을 하다 한 번은 이런 경우가 있었습니다.

영천에서 병원을 운영하는 김영길 원장님을 소개로 만났는데, 그분의 보수적인 성향 탓인지 계약이 잘 안됐습니다. 그 후로 1년간 지속적으로 우편물을 보냈습니다. 그러자 1년 후에 전화가 왔습니다.

"김창국 씨, 영천에 사는 김영길 원장입니다. 보내주시는 우편물 잘 받아보고 있는데, 잠깐 와주시면 좋겠습니다."

기쁜 마음으로 방문해 계약을 성사할 수 있었습니다. 서명을 하시며 그 원장님은 다음과 같은 이야기를 들려주었습니다.

"내가 왜 계약하는지 아십니까? 아주 친한 친구의 동생이 와서 계약을 하라며 못살게 굴더라고요. 청약서에 서명을 하려는데 당신 생각이 나서 못하겠더라고요. 나하고는 아무 상관도 없지만 내게 이렇게 지속적으로 감동의 메시지를 전달해주는 사람이 있으니 그 사람에게 계약을 하겠다며 양해를 구했습니다."

매번 만남이 이루어지지 않더라도 정기적으로 보내는 우편물은 처음 만났던 이미지를 지속시켜주고 각인시켜주는 역할을 합니다. 음의 활동을 하고 안 하고는 이렇게 큰 차이가 있습니다.

사냥꾼이 아니라 농사꾼이 되어라

고객의 욕구는 라이프사이클, 타임사이클에 따라 지속적으로 변합니다. 대개 고객들은 목요일 오후나 금요일 오후에 느긋해집니다. 그리고 오전 시간보다는 오후 시간이 상대적으로 더 이완되고, 주말에 가까워질수록 심리적으로 더 편해집니다.

이와 마찬가지로 봄, 여름, 가을, 겨울 계절에 따라 고객의 니즈와 욕구의 강도가 달라집니다. 예를 들면 여름 휴가철에 중고차값이 많이 오르는 것은 휴가 때 차를 준비하고 싶은 욕구가 강하기 때문입니다. 보험의 경우 계절적으로 보면 가을과 겨울 3~4개월 동안 1년 성과의 50퍼센트 이상을 계약하는 경우가 태반입니다. 고액 계약의 경우는 그 격차가 더 심한 듯합니다.

이는 가을과 겨울에 사람들이 더 감성적으로 변하고 신체적으로도 욕구가 증폭되기 때문입니다. 그래서 해피콜(Happy Call, 고객으로부터의 소개나 청약전화)의 분포 또한 이 시기에 더 많아집니다. 그리고 입학 시즌이 되면 자녀들 대학자금이나 유학 관련 저축보험의 니즈가 증폭됩니다.

중요한 것은 이러한 핫시즌을 위해서 세일즈맨들이 준비를 해야 한다는 것입니다. 즉 시간이 내 편이 되도록 만들어야 합니다. 예를 들면 보험료 인상이 예정되어 있거나 보험 연령이 올라가는 것이 예정되어 있는 경우 사전에 전략적으로 그리고 지속적으로 이러한 시기를 알려주어 고객들도 준비를 하게 만들면 더욱더 효과적입니다.

사냥꾼은 사냥감을 위해서 며칠이고 숲 속에서 숨죽여 기다립니다. 사냥을 하지 못하면 또 하염없이 기다리거나 끊임없이 사냥감을 쫓아다녀야 합니다. 그러나 농사꾼은 봄에 씨앗을 뿌리고 열심히 가꾸고 돌보면 가을에는 풍년이 듭니다. 농사꾼은 고객을 끊임없이 창출할 수 있습니다. 그렇기 때문에 세일즈맨은 사냥꾼이 아니라 농사꾼이 되어야 합니다.

보험은 결론적으로 '땅따먹기'입니다. 내가 얼마나 비옥하고 좋은 땅을 점령하느냐에 달려 있습니다. 하지만 아무리 좋은 땅도 내버려두면 불모지가 됩니다. 곡식들이 농부의 발소리를 듣고 자라듯이 고객을 지속적으로 돌보고 관심을 가져야 합니다. 보험 세일즈가 농사에 비유되는 것은 농업적 근면성으로 땅을 돌보고 농사를 지을 때 지속적으로 수확의 기쁨을 맛볼 수 있기 때문입니다. 고객에게 무언가를 하고 있을 때 나 스스로 당당해지고 일의 즐거움을 느낄 수 있습니다.

행운은 우연히 오지 않는다

세렌디피티(serendipity)는 생각지도 못한 것을 우연히 발견하는 능력, 행운을 불러오는 힘을 말합니다. 흔히들 세렌디피티의 대표적인 사례로 3M의 포스트잇을 듭니다.

3M의 연구원 스펜서 실버는 잘 붙기도 하지만 잘 떨어지는 신기한 접착제를 만들었습니다. 그런데 접착제는 기본적으로 물건을 붙이는 것이라는 고정관념이 있었던 탓에 상품화되지 못하고 단지 아이디어만 좋은 발명품으로 사양되고 말았습니다. 그런데 몇 년 뒤 3M 테이프사업부에서 일하던 아트 프라이가 이것을 이용해 포스트잇이라는 획기적인 상품을 개발했습니다. 프라이는 성가대에서 노래를 부르는 도중에 찬송가 책갈피가 빠지지 않게 하기 위해 고심하던 끝에 '포스트잇'을 생각해냈습니다.

접착제의 연구가 성공했느냐 실패했느냐가 아니라 상품화가 가능한가의 관점에서 그 접착제를 바라보았기 때문에 이러한 획기적인 상품이 생겨난 것입니다. 저는 세일즈에서 세렌디피티가 가장 많이 발생한다고 봅니다.

지인의 소개로 꽤 유명한 입시학원 원장님을 만난 적이 있습니다. 그런데 그 원장님은 얼마 전에 이미 ○○보험 상품에 가입했다고 했습니다. 조금은 실망스럽기도 했지만 전혀 내색하지 않고 진심 어린 마음으로 축하를 해주며 잘하셨다고 말했습니다. 대신 정기적으로 우편물을 보내도 되겠냐며 양해를 구한 뒤 학원을 나섰습니다.

몇 개월 후 그 학원을 다시 방문했는데 원장님이 나를 매우 반갑게 맞이해주면서 자신이 이미 다른 회사의 고객이 되었음에도 불구하고 지속적으로 유익한 우편물도 보내주고 신경 써주어 고맙다며 인사를 했습니다. 그러고는 자신의 매형이 휴대폰 사업을 크게 하고 있다며 소개를 해주었습니다.

그분을 방문하자마자 원장님을 통해서 내 이야기를 들었다며 흔쾌히 계약을 해주었습니다. 정말 생각지도 않은 곳에서 소개를 받고 계약이 되어 너무나도 기뻤습니다. 그리고 내가 만나는 모든 사람들이 가망고객과 소개의 씨앗이 될 수 있다는 것을 깨달았습니다.

이처럼 세렌디피티는 우연히 오는 것 같지만 노력하고 행하는 가운데 일어납니다. 《세렌디피티의 법칙》을 쓴 미야나가 히로시는 세렌디피티를 위해 어떤 행동을 해야 하는지를 다음과 같이 들려줍니다.

세렌디피티가 찾아올 가능성을 높이려면 적극적으로 행동해 시야를 넓히고, 시력을 강화해 주위를 잘 관찰하고, 환경 자체를 완전히 바꾸는 일 등이 중요하다. 행동을 하면 자신이 생각하지 못한 것과 만날 수 있는 기회를 얻게 된다. 또 생활이나 일의 환경 자체를 바꾸면 크고 작은 여러 가지 발견을 할 수 있을 뿐만 아니라 그때까지 깨닫지 못했던 자신의 장점도 발견할 수 있다.

동료들 중에는 어려움을 극복하기 위해 다른 지역을 개척해가는 사람들도 있고, 시간대를 바꾸어 사람을 만나는 경우도 있습니다. 저 또한 어떤 지역은 잘 맞는 것 같고 어떤 지역은 잘 안 맞는 것 같기도 합니다. 남들이 가지 않는 동대문시장, 남대문시장, 가락농수

산물시장 등과 같은 새벽시장에서 새로운 시장을 여는 동료들도 있고, 회계사나 변호사 시장과 같은 특정 시장에 잘 맞는 동료들도 있습니다.

하지만 피플 비즈니스에서 세렌디피티는 누구를 만나든 어떤 지역이든 외연을 넓히고 최선을 다하는 과정에서 자연스럽게 찾아옵니다. 보험업계의 통설 중 "해피콜도 내가 움직이고 있을 경우에 온다"라는 이야기가 있습니다. 참 신기하게도 내가 열심히 움직이고 있는 것을 고객들이 아는 것처럼, 내가 열심히 하고 최선을 다하고 있을 때 해피콜이 걸려옵니다. 이 또한 세렌디피티는 우연히 오지 않음을 증명해주는 듯합니다.

우연 속의 발견은 아무에게나 일어나지 않습니다. 새로운 것을 찾아내고야 말겠다는 의지, 비슷비슷한 현상 속에서 미묘한 차이를 발견해낼 수 있는 관찰력, 벌어지는 내용을 상세하고 정확히 기록하는 성실함을 갖추고 있어야 합니다. 우연한 행운으로 보이는 발견도 그 속을 들여다보면 노력에 의한 결과이며 그 대가임을 알게 된다면 세렌디피티를 보다 자주 경험하게 될 것입니다.

태도의 법칙

평생학습을 하는 사람은 성공한다. 그런데 그 평생학습
을 돕는 정신적인 습관에는 네 가지가 있다. 이러한 정
신적인 습관이 평생학습을 가능하게 한다. 그 첫 번째
는 항상 자기 자신을 낮추고 자기 잘못을 반성하는 태
도이고, 둘째는 항상 다른 사람의 이야기를 끝까지 경
청하는 태도이고, 셋째는 열린 마음으로 인생을 보고자
하는 의지이고, 넷째는 안일함을 자진해서 반납하는 태
도이다.

— 존 코터

온 마음 다해 감사를 표하라

LA필하모닉 상임지휘자 구스타보 두다멜은 엘시
스테마(베네주엘라 오케스트라) 출신입니다. 엘시스테마는 불우한 청
소년들의 재활을 돕기 위해 시작된 음악기관으로, 세계적으로 음악
교육이 갖는 의미와 파급력에 대해서 잘 보여주고 있는 단체입니다.
구스타보 두다멜은 "우리가 엘시스테마에서 배운 것은 음악을 통한
성공의 길이 아니라 삶을 대하는 태도였습니다"라고 말했습니다.

삶을 대하는 태도, 이 말은 많은 것을 생각하게 합니다.

세일즈를 하는 사람들에게는 KASH(Knowledge, Attitude, Skill, Habit)가 중요하다고들 합니다. 그중 가장 중요한 것을 꼽으라면 많은 사람들이 주저 없이 태도를 꼽습니다. 왜냐하면 태도가 고도와 높이를 정하기 때문입니다. 태도에 따라서 더 성장할 수 있고 자신의 꿈도 더 높일 수 있습니다.

유능한 세일즈맨이 되려면 배움을 게을리해서는 안 됩니다. 그런데 배우려는 사람은 배우고자 하는 태도가 분명해야 합니다. 제가 신입 에이전트이던 시절에 한 선배가 자신의 경험담을 들려주었습니다. 수십 명의 사람들이 그 이야기를 들었습니다. 그 선배의 강의는 배울 점이 아주 많았습니다. 강의가 끝난 뒤 저는 얼른 약국으로 쫓아가서 박카스 두 박스를 사왔습니다. 그 선배를 뽑아준 매니저에게 한 박스, 그 선배에게 한 박스를 건네면서 "강의 정말 잘 들었습니다"라며 온 마음을 담아 감사의 표시를 했습니다.

그 선배와 매니저는 매우 놀라면서 "아무도 그렇게 하지 않았는데……"라며 칭찬을 해주었습니다. 배우는 자는 무릇 그렇게 해야 한다고 생각합니다. 그 후로도 시간만 나면 그 선배를 찾아가 열심히 묻고 메모를 했습니다. 그러면서 내가 선배가 되었을 때도 배우려는 자세가 된 후배에게는 더 많은 것을 가르쳐주어야겠다는 생각이 들었습니다.

제가 선배가 되었을 때 저에게 배움을 얻고자 하는 후배들이 먼 거리를 마다 않고 저를 찾아왔습니다. 저는 아낌없이 제 노하우를 나누어주었습니다. 서울에서 대구까지 내려와서 배움을 얻겠다는 후배에게 어떻게 나의 모든 노하우를 안 가르쳐줄 수 있겠습니까? 그런 후배들을 보면서 나 또한 더 겸손해지고 더 배워야겠다는 생각을 하게 됩니다.

　다음은 중국의 어느 목동 이야기입니다. 어느 자리, 어떤 위치에 있든 초심을 잃지 않고 살아간다면 하늘을 우러러 한 점 부끄럼 없는 인생을 살 수 있다는 교훈을 일깨워줍니다.

　　성심으로 양을 돌보던 목동이 눈에 띄어 궁에 들어가게 되었습니다. 성실하고 능력 있는 그는 임금의 총애로 재상의 지위까지 올랐으나 다른 신하들의 시샘을 받게 되었습니다. 부정축재 혐의가 있다는 상소가 잇달았습니다. 재상이 하루에 한 번씩 자물쇠로 잠궈둔 골방에 들어가는 것이 수상하다는 혐의였습니다.

　　임금과 신하들이 지켜보는 가운데 골방을 열어보니 그 방에는 보물은커녕 동전 한 닢이 없었고 작은 책상 위에 허름한 옷 한 벌과 다 떨어진 짚신 한 켤레만 놓여 있었습니다.

　　사연이 궁금해진 임금이 재상에게 자초지종을 묻자 재상은, 매일같이 유혹을 받을 때마다 목동이었을 때 입고 신었던 옷과 신발을 보며 임금님이 베풀어 주신 은혜를 되새긴다고 말했습니다.

마음이 생각을 만들고 생각이 방법을 만든다

　세일즈맨은 어떤 경우에도 긍정적이어야 합니다. 특히 고객이 거절할 때에도 긍정적인 태도를 보여야 합니다. 대부분의 세일즈맨들은 고객이 거절하면 금세 풀이 죽거나 부정적인 반응을 보입니다. 그러나 세일즈는 거절에서부터 시작한다는 것을 깨달으면 거절을 환영하거나 반기게 됩니다. 부정적인 자극, 도전적인 자극에 대해 어떤 반응을 보이느냐에 따라 승부가 결정됩니다. 즐길 수 없는 상황조차 즐길 수 있는 사람들이 긍정적인 사람들입니다.

긍정적인 생각은 긍정적인 결과를 낳습니다. 이것은 다음과 같은 연구를 통해 증명이 되었습니다. 웨인 다이어의 《오래된 나를 떠나라》는 책의 일부입니다.

《심리과학》 2007년 2월호에 소개된 하버드 대학교의 최근 연구 보고서는 7개의 각기 다른 호텔에 근무하고 있는 객실 담당 여직원 84명을 대상으로 한 실험에서 일을 운동으로 인식한 사람들이 건강 상으로 유익한 결과를 얻었음을 보여주었다.

실험 대상은 두 그룹으로 나뉘어 A그룹은 자신들이 하는 일이 일일운동 권장량을 충족시킨다는 이야기를 들었고, B그룹(통제집단)은 아무런 귀띔 없이 평소처럼 일했다. 두 그룹 모두 행동의 변화는 없었지만 자신의 활동 수준을 의식하는 A그룹의 경우 4주 만에 체중이나 혈압, 체지방, 허리둘레 대 엉덩이 둘레의 비율, 체질량 지수가 크게 떨어지는 결과가 나왔다. 그러나 B그룹(통제집단)은 같은 신체 활동을 했음에도 아무런 변화가 없었다.

이 연구는 태도가 건강 상태에 얼마나 지대한 영향을 미치는지 보여준다. 그러므로 날마다 반복적으로 하는 일들을 운동으로 여겨라. 그리하면 체중과 관련한 당신의 목표에 한 발짝 더 다가갈 수 있을 것이다.

이처럼 마음이 생각을 만들고 생각이 구체적 방법을 만들어 결국에는 이루어지게 합니다.

승부는 자신감이 결정한다

고객과의 첫만남에서 가장 중요한 것은 세일즈맨이 고객에게 강한 에너지를 전달하는 것입니다. 그 에너지는 세일즈맨의 자신감에서 나옵니다.

빌 클린턴 전 미국 대통령의 부인이자 현재 미 국무장관인 힐러리에 관한 재미있는 일화가 있습니다. 일명 '클린턴과 힐러리의 주유소 대화'입니다.

힐러리와 클린턴이 함께 차를 타고 가다가 주유소에 들렀습니다. 그곳에서 힐러리의 초등학교 동창생인 제임스를 만났습니다. 힐러리는 제임스를 보고 반갑게 포옹을 하며 한참 수다를 떤 뒤 차에 탔습니다. 그것을 본 클린턴은 약간의 질투가 났습니다.

그래서 기름을 다 넣고 가는 길에 클린턴은 비아냥거리는 말투로 말했습니다.

"힐러리, 나하고 결혼을 하길 잘했지. 만약에 제임스와 결혼했다면 지금쯤 시골 주유소에서 기름이나 넣고 있었을 텐데 말이야."

그 말을 들은 힐러리는 가소롭다는 듯이 대답했습니다.

"미스터 클린턴, 만약에 제임스가 나와 결혼했다면 저 사람이 미국 대통령이 되었을 거야."

힐러리의 이러한 자신감은 스스로를 믿는 마음에서 비롯되었을 것입니다. 승부를 결정짓는 것은 기술이나 전략이 아니라 누가 더 자신감을 갖고 있느냐입니다.

누구나 약점과 열등감을 가지고 있습니다. 하지만 그것을 지나치게 감추거나 부인하는 것보다 차라리 "저는 그런 부분이 약해요"라고 스스럼없이 인정할 줄 알아야 합니다. 그런 모습에서 오히려 자신감이 느껴지기 때문입니다.

문경에 있는 한 내과 원장님을 방문했을 때의 일입니다. 그 원장님은 그 일대에서 환자를 많이 보기로 유명한 의사였습니다. 오랫동안 대기실에서 기다린 뒤에야 원장님을 만날 수 있습니다. 순간, 약간의 두려움과 떨림을 제 자신이 어떻게 할 수 없다는 것을 알았습니다. 그래서 그것을 있는 그대로 인정하기로 했습니다.

"원장님처럼 유명한 분을 뵈려니 가슴이 너무나 떨립니다. 한편으로는 설레기도 하면서요. 제가 이렇게 떠는 걸 보면 원장님은 참 대단하신 분 같습니다."

이렇게 말하고 나니 오히려 자신감이 생겼습니다.

두려움을 극복하는 방법은 의외로 간단합니다. '그것을 인정하고 이야기하라'입니다. 묘하게도 두려움을 인정하는 순간 새로운 자신감이 생깁니다.

엔도 슈사쿠는 《나를 사랑하는 법》에서 이렇게 말합니다.

나이가 들면서 나는 내 자신이 가지고 있는 나약함에 대처하는 방법을 아주 자연스럽게 알게 되었습니다. 그 방법이란 바로 남들 앞에서 강하게 보일 필요가 없다는 것입니다. 있는 그대로 내가 가지고 있는 약점을 인정하고 가능한 한 유리하게 바꿔보자고 생각한 뒤에야 열등감에서 벗어날 수 있습니다.

어떤 사람을 만나는가는 운명이 결정하지만 어떤 사람이 머무는가는 나의 태도와 모습이 결정합니다. 결국 나의 태도가 나의 운명인 것입니다.

협상의 법칙

촛불을 아무리 들여다봐도 전구를 발명할 수 없다. 새로운 아이디어는 형태(form)에서가 아니라 새로운 시각(sight)에서 비롯된다.

— 홍성태, 《마케팅의 시크릿코드》

협상의 원리를 알아야 고객의 선택권을 가져올 수 있다

고객들을 만나는 접점을 'moment of truth', 즉 '진실의 순간'이라고 말합니다. 스페인에선 투우 경기 중 장내의 흥분이 최고조에 이를 무렵 투우사가 마지막으로 소의 급소를 찌르기 위해 준비하는 찰나적 시간을 '진실의 순간'이라고 합니다. 고객과의 상담 시에 최고로 가까워지는 접점의 순간에 대비해 세일즈맨은 많은 준비를 해야 합니다. 이때 고객에게 모든 것을 보여줄 수 있어야 합니다. 이때야말로 최고의 진실의 순간이기 때문입니다.

고 정주영 회장이 현대조선소를 건설할 때의 이야기입니다. 당시 영국은행의 차관 도입이 절실했습니다. 차관을 도입하기 위해서는 영국은행에 절대적인 영향력을 발휘하고 있는 애플도어의 롱바톰 회장을 설득해야만 했습니다.

그러나 한국의 상환 능력과 잠재력 자체에 의문을 가진 롱바톰 회장의 반응은 싸늘했습니다. 그러자 정 회장은 바지 주머니에서 거북선이 그려진 500원짜리 지폐 한 장을 꺼내 펼쳤습니다. 그러곤 "당신네 영국의 역사가 1800년대부터라고 알고 있는데, 우리는 벌써 1500년대에 철갑선을 만든 이순신이 있었습니다"라고 다시 한 번 설득합니다. 롱바톰 회장은 그제야 빙그레 웃으면서 관심을 보이기 시작했고 결국 그는 차관을 도입하는 데 결정적인 영향력을 행사하게 됩니다.

좀 더 역사를 거슬러 올라가면, 고려가 거란의 침입으로 국가적 위기상황에 처했을 때 서희라는 탁월한 협상가가 상대국 총사령관인 소손녕과 담판을 지어 전쟁을 중지하고 결국 강동육주까지 얻었습니다.

이러한 국가적인 외교담판이나 사업가들의 전설적인 얘기에서만 협상이 중요한 게 아닙니다. 협상이란 우리 주변에서 항상 일어나고 있고 항상 상주하고 있는 현실입니다.

논리적 비약일지 모르지만 어린아이가 우는 것은 젖을 달라는 협상의 표현이고, 자녀들이 재롱을 떠는 것은 용돈을 달라는 협상의 표현입니다. 어릴 때의 요구는 직설적입니다. '배가 고프다. 용돈이 필요하다. 친구하고 놀고 싶다.' 그러나 번번이 협상전문가인 부모의 제재를 받습니다. 그 이유는 부모가 우월적 지위에서 모든 결정권을 갖고 있기 때문입니다. 그때그때의 기분에 따라 용돈을 주기도 하고 컴퓨터 게임을 허락하기도 합니다.

그런데 좀 더 커면(머리가 굵어지면) 이제는 부모의 어깨도 주무르고 청소도 대신하면서 호시탐탐 기회를 엿보다가 조금이라도 기분 좋은 상황을 만든 뒤 요구조건을 말합니다. "나 용돈이 필요해요!" 라고.

협상이란 상대방과 의논하고 합의하는 과정입니다. 따라서 한 사람의 일방적인 손실은 협상이 아니라 획득입니다. 세일즈 현장에서 가끔 협상을 하기보다는 일방적인 승리만을 요구하고 있지는 않은지 돌아보기 바랍니다.

어린아이처럼 계약을 하고 싶다고 직설적 표현만 한다면 우월적 지위에 있는 부모처럼 고객은 그때그때의 기분에 따라 모든 선택권을 가질 수밖에 없습니다. 이러한 결정의 선택권을 고객에게서 빼앗아올 수는 없을까요? 혹은 반분해서 동등한 입장에서 의논하고 합의할 수는 없을까요?

하지만 그 진실의 순간에 미숙함과 훈련되지 않은 협상 능력 때문에 일을 망치는 경우가 종종 있습니다. 근본적으로 협상에 대해서 알고 있어야 하는 이유가 바로 여기에 있습니다.

저는 협상에 대해서 강의를 할 때 제가 오랫동안 세일즈를 해오면서 터득한 '협상의 4단계'에 대해 이야기하곤 합니다.

1단계 : 협상을 위한 사전 분위기를 창출하라

협상이란 그 순간의 행위가 아닙니다. 이제까지 행위의 결정체입니다. 협상을 위한 사전 분위기 창출, 예를 들어 상대방에 대한 세심한 준비와 배려는 협상 시 좋은 결과를 가져오게 만듭니다.

우선 편하게 상담할 수 있는 시간과 장소, 옷차림을 체크합니다. 옷차림은 상대방과 어울릴 수 있는 복장이 좋습니다. 예를 들어 그 사람이 넥타이를 맬 수 없는 상황이라면 당신도 넥타이를 풀어 비슷한 복장을 연출할 수 있어야 합니다.

그리고 세일즈맨에게는 항상 좋은 향기가 나야 합니다. 그래서 향수 사용은 기본이고, 여름에는 가정방문을 할 때 미리 양말을 여러 켤레 준비해서 깨끗한 양말로 갈아 신고 방문을 해야 합니다.

오감을 활용하는 것 또한 매우 중요합니다. 오감을 활용한다 함은 시각, 촉각, 후각, 청각, 미각 등의 본능적인 감각을 활용하는 것을 말합니다. 이러한 감각들은 장소와도 밀접한 관계가 있기 때문에 세일즈맨이 잘 알고 있는 곳이나 자신의 사무실 등에서 하는 협상은 결과를 아주 유리하게 이끄는 데 큰 작용을 합니다. 그리고 만약 음식점을 함께 가게 됐을 경우 상대방이 좋아하는 메뉴의 맛집을 찾아간다면 고객은 세일즈맨의 배려와 준비성에 대해서 신뢰를 합니다.

또한 맛을 통해 미각이 행복해지면 협상 분위기가 매우 부드러워질 것입니다.

좋은 경험을 함께하면 상대방과 자신도 모르는 사이 가까워지고 서로 간에 더욱더 좋은 감정을 느끼게 됩니다. 예를 들어 좋은 공연이나 감동적인 영화를 함께 보게 되었을 경우 함께한 사람이 더욱더 좋아지는 것과 마찬가지입니다.

그리고 협상을 진행할 때에는 테이블을 사이에 두고 서로 마주 앉는 것보다는 상대방의 옆자리 혹은 'ㄱ'자 위치에 앉는 것이 상대방의 경계심을 자극하지 않으므로 더욱 좋습니다. 옆자리에 앉으면 상대방과의 거리를 좁힐뿐더러 친밀감도 높여주기 때문입니다.

또한 음료는 차가운 음료보다는 따뜻한 음료가 좋습니다. 따뜻한 음료를 마신 면접관들이 면접에서 합격점을 줄 확률이 훨씬 높다는 결과가 나왔습니다.

일본 푸르덴셜생명의 한 세일즈맨은 항상 가방 안에 수건을 넣어 다닌다고 합니다. 고객의 집에 방문하면 수건을 꺼내 그 위에 자신의 가방을 놓아둡니다. 겉으로 보기엔 아주 작은 배려이지만 수건 위에 가방을 놓음으로써 보이지 않는 부분까지 세심하게 신경 쓴다는 것을 고객이 느끼게 해줍니다.

2단계 : 요구보다는 욕구에 초점을 맞춰라

얼마 전 지인에게 조선시대 거상 임상옥 이야기를 들은 적이 있습니다. 소설 《상도》에 나오는 내용입니다.

임상옥이 인삼을 팔기 위해 중국을 방문했을 때 베이징 인삼 상인들이 터무니없는 가격인하를 요구하며 불매 동맹을 맺어 애를 먹었다고 합니다. 이때 임상옥은 위기를 돌파하기 위해 인삼을 헐값에 판다거나 그냥 조선으로 돌아온 것이 아니라 모두가 볼 수 있는 광장 한가운데서 인삼을 불태워버렸습니다. 이 광경을 지켜본 중국 상인들은 인삼을 반드시 구입해야 했기에 울며 겨자 먹기로 남은 인삼을 더욱 비싼 가격에 살 수밖에 없었습니다.

그는 어떻게 이런 판단을 하고 행동할 수 있었을까요? 저는 임상옥이 중국 상인들의 '요구'보다는 '욕구'에 초점을 맞추었기 때문이라고 생각합니다. 그는 '값싸게' 인삼을 사는 것 이상으로 고객들이 '반드시 인삼을 사야만 한다'는 것을 정확하게 알고 있었던 것입니다.

요구는 욕구의 한 부분입니다. 욕구를 표현하는 하나의 하수인이라고나 할까요? 그래서 욕구를 안다는 것은 그 사람의 진정한 속내를 안다는 것과 같습니다. 부자가 되고 싶은 욕구, 이성에게 잘 보이고 싶은 욕구, 존경받고 싶은 욕구, 안전에 대한 욕구 등 욕구는 기본적으로 가치와 본능에서 비롯됩니다.

욕구 단계별로 혹은 나이별, 직업별로 가질 수 있는 고객의 근본적인 욕구, 즉 가치와 본능을 이해한다면 세일즈맨은 협상을 할 때 훨씬 유리한 고지를 차지할 수 있습니다.

옛날 학창 시절에 주점에서 친구들과 술을 마시고 있으면 껌이나 꽃을 팔러 오는 노인들이 있었습니다. 그분들은 남자들보다는 커플끼리 모여 있는 곳에 먼저 갑니다. 왜냐하면 남자들이 여자들에게 잘 보이고 싶어 하는 욕구를 이해하고 있기 때문입니다. 즉 현재의

2000원이라는 경제적 이익에 대한 욕구보다는 여자 친구에게 잘 보이고 싶다는 남성적인 본능에 대한 욕구가 더 강렬하다는 것을 파악한 것입니다.

보험 상품 또한 변화와 성장이 요구에서 욕구로 발전되었다고 볼 수 있습니다. 암보험 상품에 가입하고 싶다는 요구 뒤에는 종합적인 건강에 대한 보장의 욕구가 있습니다. 이러한 고객의 욕구가 있었기에 단순한 재해, 암, 성인병 등의 개별 요구가 종합적인 상품(종신보험)으로 출시되면서 고객의 욕구를 충족하고 있습니다. 가족을 안전하게 지키고 싶다는 고객의 요구 뒤에는, 자산 증식을 통해 가족을 안전하게 지키고 싶다는 자연스런 욕구가 함께 존재합니다. 이러한 욕구가 종신보험에서 변액보험으로의 성장을 유도한 게 아닌가 싶습니다.

만약 고객이 계약을 철회하겠다고 요청한다면 그 요구 뒤에는 분명히 다른 욕구가 존재할 것입니다. 하지만 에이전트들이 철회하겠다는 고객의 요구에만 대응해서 행동할 경우에는 더 큰 신뢰를 잃을 수도 있습니다.

철회 요구 저변에 깔린 고객의 욕구를 찾아내 이야기하고 해결해 나간다면 대부분의 문제를 해결할 수 있습니다. 혹은 고객에게 보험을 가입하게 된 니즈와 욕구를 다시 한 번 환기시키는 것도 중요합니다. 가입하게 된 배경과 상품의 가치와 유용성을 설명한다면 고객은 더 크게 만족할 것입니다.

3단계 : 요구 속에 숨겨진 욕구를 파악하라

고객의 욕구는 철저히 숨겨져 있습니다. 그래서 고객의 욕구를 밤송이에 비유하곤 합니다. 즉 분명히 까면 안에 맛있는 밤이 들어 있는데 까기가 쉽지 않습니다. 심한 거절, 무시, 왜곡된 시선과 같은 뾰족한 가시가 있기 때문입니다.

그러나 능숙한 세일즈맨들은 밤송이를 쉽게 까는 법을 알고 있습니다. 즉 숨겨진 욕구를 드러내도록 합니다. 욕구를 발견하고 드러내는 과정을 스토리 세일즈의 전 과정이라고 해도 과언이 아닙니다.

고등학생 아이와 엄마가 용돈 협상을 벌입니다. 아이는 용돈을 3만 원만 더 올려달라고 하고, 엄마는 강하고 단호하게 거절을 합니다. 아이는 어떻게 해야 용돈을 올릴 수 있을까요? 아이가 엄마의 욕구가 아니라 요구에만 초점을 맞춘다면 다음과 같은 협상을 시도할 가능성이 높습니다.

아이 엄마, 용돈 3만 원만 올려주세요.

엄마 안 돼. 지금 네 용돈으로 충분하니 더 이상 이야기하지 마라.

아이 엄마, 제발 좀 올려주세요.

엄마 얘가 안 된다니까 왜 이렇게 귀찮게 구니.

이때 아이는 엄마가 진짜 용돈을 올려주지 않는 근본적인 이유를 알아차려야 합니다. '엄마는 내가 돈을 낭비할까 봐 걱정하고 계신다'라는 엄마의 숨겨진 욕구를 찾아낸다면 접근 방법은 다음과 같이 달라집니다.

아이 엄마, 용돈 3만 원만 올려주세요.

엄마 안 돼. 지금 네 용돈으로 충분하니 더 이상 이야기하지 마라.

아이 엄마, 제가 용돈 함부로 쓸까 봐 걱정하고 계시죠? 저 정말 낭비 안 하고 잘 쓸게요. 매달 용돈기입장을 써서 보여드릴게요. 그리고 앞으로 주말마다 청소도 하고 설거지도 하고 집안일도 도울게요.

이렇게 엄마의 욕구를 인정하고 공감해서 다가간다면 엄마가 용돈을 올려줄 가능성은 아주 높게 됩니다.

모든 고객들은 현재의 경제적 이익에 충실하고 싶어 합니다. 매달 보험료를 내는 것은 쉽지 않은 선택입니다. 그래서 보험에 가입하기 위해서는 현재 납입하는 보험료를 대신할 경제적 이익을 넘어서는 미래의 경제적 이익뿐만 아니라 그에 상응하는 가치를 이야기해야 합니다.

일정 부분의 보험료를 통해 고객은 다음 다섯 가지 가치를 획득하게 됩니다.

- 철저하게 예측, 준비하는 사람
- 결정해야 할 때 결정할 줄 아는 사람
- 믿을 줄 알고 신뢰할 줄 아는 사람
- 가족의 가치를 중요시하는 사람
- 자기 삶에 최선을 다하는 사람

고객은 자신이 현재 지불하는 돈보다 현재 혹은 미래에 누릴 수 있는 욕구가 더 클 때 상품을 구매하게 됩니다.

4단계 : 욕구를 시각화하라

돈을 많이 벌고 싶은 욕구, 자녀를 잘 키우고 싶은 욕구, 나이 들어 편안하게 생활하고 싶은 욕구 등 사람들은 다양한 욕구를 가지고 있습니다. 그리고 각자 그 욕구를 실현하는 방법도 다릅니다. 그런데 많은 사람들이 자신의 욕구가 현실감이 떨어지고 달성 불가능하다고 생각하기 때문에 막연히 미루는 경향이 있습니다. 세일즈맨은 고객의 욕구를 현실감 있게 그림을 그려주고 달성 가능하도록 만들어줄 수 있어야 합니다.

예를 들어 은퇴설계를 위한 상담을 할 때 "사장님, 은퇴 후에 어떤 생활을 하시길 원하세요?"라는 질문을 던지면 어떤 대답이 나올까요?

은퇴 후의 삶에 대해 구체적인 계획을 갖고 있는 사람이라면 대답이 쉽게 나오겠지만, 대부분의 고객은 그렇지 못합니다. 이럴 경우에는 다음과 같은 추가 질문을 통해 막연하고 모호한 생각들이 마치 현재의 생활에서 생생하게 그려지도록 시각화하고 디자인화할 수 있습니다.

"지금 저하고 타임머신을 타고 미래로 떠나볼까요? 자, 25년이 지났습니다. 사장님은 65세가 된 지금 이 시간에 어디서 무엇을 하고 있을 것 같습니까?"

《어린 왕자》의 저자 생텍쥐페리는 "배를 만들고자 한다면 사람들에게 나무를 모으게 하고 일을 나누거나 명령하지 말라. 대신 그들에게 넓고 끝없는 바다를 동경하게 하라"고 말했습니다. 고객 스스로 배를 건조하고 넓은 바다를 항해할 수 있도록 숨겨진 욕구를 찾아내고 구체화할 수 있기를 바랍니다.

몰입의 법칙

인생이란 당신이 숨쉬어온 그 모든 날들이 아니라 당신의 숨이 멎을 것 같았던 바로 그 순간들의 합이다.

– 영화 〈Mr. 히치〉

간절하고 분명한 목표로 몰입하라

모든 일의 성공 비결은 몰입입니다. 특히 세일즈에서의 성공비결은 더욱 그러합니다. 몰입은 간절함 마음, 분명한 목표에서 시작됩니다. 성공 비결이 몰입에 있음을 잘 보여주는 재미있는 이야기가 있습니다.

성공을 하고 싶어 하는 어떤 젊은이가 그 나라의 왕을 찾아갔습니다. 그 왕은 성공에 대한 비결을 알고 있다고 소문난 왕이었습니다.

"임금님, 저에게 성공에 대한 비결을 가르쳐주십시오."

"그럼 나하고 내기를 하세. 자네가 이긴다면 가르쳐줄 것이고 진다면 자네 목숨을 내놓아야 하네. 그래도 하려는가?"

"예. 저는 성공을 위해서라면 저의 목숨이라도 내놓을 준비가 되어 있습니다."

"좋네. 그러면 시작함세. 이 작은 술잔에 술을 가득 채울 테니 이걸 들고 성안의 마을을 한 바퀴 도는 것일세. 단 한 방울의 술이라도 흘리는 날엔 자네 목을 내놓아야 할 걸세."

그 젊은이는 땀을 뻘뻘 흘리며 술이 가득 찬 술잔을 들고 마을을 돌기 시작했다. 한 시간이면 돌 수 있는 성안의 마을을 두 시간이 넘게 돌고서 성안에 들어서며 소리 질렀습니다.

"임금님, 제가 해냈습니다. 이제 저에게 성공의 비결을 가르쳐주십시오."

"그래, 혹시 자네 성안에서 열리고 있는 결혼잔치를 보았는가?"

"아니요. 보지 못했습니다."

"시장 안에서 열리고 있던 축제행사들은 보았는가? 굉장히 재미있었던 것 같은데."

"아이고 임금님, 제가 그걸 어떻게 볼 수 있겠습니까? 술잔의 술이 한 방울이라도 넘칠까봐 온 정신을 집중하고 몰입하다 보니 다른 것은 하나도 볼 수가 없었습니다. 저는 오직 술잔만을 보고 길을 따라 움직였을 뿐입니다."

"음, 자네는 이미 성공의 비결을 깨우쳤네."

"아니, 그게 무슨 말씀입니까?"

"성공의 비결은 바로 몰입과 집중이네."

입사를 하고 처음 몇 개월 동안 에이전트들은 엄청난 몰입을 합니다. 한 달 동안 밤늦게까지 교육을 받고 현장에 나가지만 사실 지식적으로나 기술적으로나 많이 부족합니다. 그렇지만 그 몇 개월 동안 엄청난 퍼포먼스를 하게 됩니다. 보험회사의 통계상 초기에 퍼포먼스를 많이 한 사람이 꾸준히 성공할 확률이 높습니다.

고객 앞에서 그동안 배운 것들을 총동원해 열심히 설명합니다. 하지만 고객에게 왜 계약을 했느냐, 이 상품이 좋아서 했느냐고 물어보면 '너의 열정 때문에 믿음이 가서' 혹은 '비즈니스에 몰입한 너의 모습 때문에'라고 답하는 경우가 대부분입니다.

이처럼 몰입이 나 자신을 변하게 하고 고객을 움직이게 합니다. 일할 때 몸을 사리고 수동적으로 행동하는 사람치고 일을 제대로 하는 사람을 보지 못했습니다. 이는 온탕에 들어갈 때처럼 한 발만 계속 탕에 넣고 있으면 몸이 따뜻해지지 않는 것과 같은 이치입니다.

시냅스를 흥분시켜라

저와 비슷한 시기에 골프를 시작한 사람이 있습니다. 그런데 몇 개월 뒤 그 사람은 저와는 비교도 안 될 정도로 실력이 좋아졌습니다. 저는 일주일에 한두 번 정도 골프 연습을 했지만 그 사람은 '골프에 미쳤다'라고 표현할 정도로 골프에 푹 빠져 매일

같이 열심히 했기 때문에 그런 결과가 나타난 것입니다.

이처럼 몰입이 관건입니다. 왜 기간을 길게 하는 것보다 집중력을 강하게 하는 게 더 큰 효과를 발휘할까요? 몰입하기 위해서는 분명한 목표가 있어야 합니다. 목표가 있으면 내가 하는 모든 행동들에 의미가 생기고 재미를 느끼게 됩니다. 재미를 느끼면 몸에서 알파파가 형성되면서 도파민이라는 호르몬이 나오기 시작합니다.

예를 들어 농구를 연습하면 농구실력이 향상되는 것을 과학적으로 설명해보면, 우리 뇌에 있는 신경이 연결된 시냅스에 변화가 일어난 것으로 이해할 수 있습니다. 즉 신경의 모양이 농구에 적합한 시냅스로 바뀐다는 이야기입니다. 그렇게 되면 농구 실력이 향상되고 농구에 대한 재미가 생깁니다. 농구를 그만두고 축구를 하기 시작하면 축구에 대한 시냅스가 발달하면서 농구에 대한 시냅스는 조금씩 소멸됩니다. 즉 시냅스는 우리가 변화하고 배우고자 하는 방향으로 변화시킬 수 있습니다. 어떤 시냅스가 형성되느냐에 따라 인생이 결정됩니다.

마라톤을 하다 보면 지극히 힘든 고비만 넘기면 다시 충만한 자신감이 생겨서 계속 달릴 수 있는데, 이것은 신체의 마이너스 피드백을 극복하기 위해 분비되는 엔도르핀과 같은 호르몬 때문입니다. 즉 몰입을 지속적으로 하기 위해서는 러너스 하이(runner's high)와 같은 고통스런 순간을 넘어서야 합니다. 그러면 인내력이 생기고 새로운 재미가 생깁니다.

'Success is mental game'이라는 말이 있습니다. 이것은 모든 일을 하나의 게임으로 생각하라는 뜻입니다. 게임으로 생각하면 이

겨야 한다는, 높은 점수를 내어야 한다는 목표를 분명히 할 수 있고 그것은 나에게 의미로 작용해 시냅스를 흥분시킵니다.

하일성 해설위원의 말이 생각납니다. "2할대 타자와 3할대의 타자들은 경기 후 그들의 셀프 피드백(self-feedback)에서 다르다." 2할대 타자들은 경기가 끝나면 모든 것이 끝나지만 3할대 타자들은 경기 후 자신이 실수하거나 못한 것에 대해서 화를 내고 연습을 하는 등 스스로에게 강한 피드백을 준다고 합니다.

보험 에이전트들도 마찬가지입니다. 일을 잘하는 친구들은 계약을 성사시키기 위해 온 정신과 에너지를 몰입해서 쾌감을 느끼기도 하고 고통스러워하기도 합니다. 시냅스가 일을 하도록 잘 형성되어 있고 흥분되어 있다는 이야기이기도 합니다. 다시 말해서 이것이 몰입의 상태입니다.

세일즈를 하는 데 있어서 가장 중요한 프로세스 가운데 하나가 T/A(Telephone Approach, 전화접근)입니다. 고객에게 사전에 전화를 걸어 만남의 목적을 밝히고 약속을 잡는 것을 T/A라고 합니다. 단순한 안부를 묻는 게 아니기 때문에, 많은 에이전트들이 T/A를 불편해하고 두려워합니다. 그러나 T/A가 되지 않고는 세일즈 프로세스가 제대로 진행될 수 없습니다.

고객의 거절이 두려워서 식사 시간에 소주를 한잔 마신 다음 T/A를 하는 사람도 있고, 조용한 방에서 혼자 서성거리며 T/A를 하거나 주차된 차 안에서 하는 사람도 있습니다. 어떤 지점은 시간을 정해 전 지점원이 모여 동시에 하기도 합니다. 방법이야 어떠하든 상관없습니다. 몰입해서 집중할 때에만 임계점(물이 끓듯이)을 넘을 수 있습니다.

그런데 흥미로운 사실은, 한 시간 두 시간 시간이 지나면서 완전히 몰입하다 보면 그렇게 하기 싫고 두렵던 마음들이 사라진다는 것입니다. 목소리는 갈라지고 쉰 소리가 나지만 만나기로 약속한 사람이 한 명 두 명 늘어나기 시작하면서 T/A가 점점 재미있어지고 쉬워집니다. 세일즈 프로세스의 가장 중요하면서도 어려운 부분을 해결하게 되는 것입니다.

이런 몰입의 상태에서는 자기성취, 자아실현의 욕구를 느끼게 되어 영적인 상태에 가까워집니다. 즉 고객과의 커뮤니케이션에서도 정신적인 커뮤니케이션을 할 수 있는 기반이 형성되는 것입니다. 이때 엄청나게 강한 자신을 발견하게 됩니다. 고객을 두려워하지 않고 어떤 고객 앞에서도 자신감과 당당함을 잃지 않습니다. 고객과의 상담은 하나의 게임이 되는 것이고 이기기 위해 나의 온 신경이 움직이기 시작하는 것입니다.

질문을 하면 답이 나온다

　　대부분의 사람들이 설문조사에서 종종 특정한 행
동, 예를 들어 선거일 바로 전날 투표할 의향이 있는지, 향후 6개월
안에 새 차를 구매할 의사가 있는지, 다이어트를 할 의향이 있는지
등의 질문을 받았을 때 자신의 답변에 행동을 일치시킬 가능성이
높아진다고 합니다. 또한 구매 의사를 묻는 간단한 질문만으로도
구매율을 35퍼센트나 높일 수 있다고 합니다. 과연 질문은 어떤 힘

을 가지고 있는 것일까요?

우리는 어릴 때부터 선생님이나 어른들이 질문을 하면 답을 하도록 배워왔습니다. 그리고 이러한 경험이 신경 깊숙이 프로그래밍되어 있어 누가 질문을 하면 반사적으로 대답을 하게 됩니다.

질문 형식에는 개방형 질문과 폐쇄형 질문이 있습니다. 개방형 질문은 응답자의 사고를 자극하고 감정과 의견에 대해서 이야기하도록 하는 질문이고, 폐쇄형 질문은 그저 사실만을 알기 위한 기초적인 질문입니다.

질문 A 보험에 대해서 어떻게 생각하십니까? (개방형)

질문 B 보험은 가입하셨습니까? (폐쇄형)

처음에는 질문 B처럼 폐쇄형 질문으로 단순하게 시작하는 것이 좋습니다. 단순한 사실적 질문이 서로 간의 친밀도를 높이는 데 기초가 된다는 점을 직시해야 합니다. 세일즈의 기본은 고객에 대해 얼마나 사실적으로 알고 있느냐입니다.

1. 처음에는 쉬운 질문부터 하라

기초적인 질문은 폐쇄형으로 하는 것이 좋습니다. 예를 들어 다음 두 가지 질문을 살펴보겠습니다. 어떤 질문이 대답하기 더 편할까요?

질문 A 지난 주말에는 뭐 하셨나요? (개방형)

질문 B 지난 주말에 어디 여행이라도 다녀오셨어요? (폐쇄형)

물론 후자입니다. 왜냐하면 질문 B는 단순히 Yes 아니면 No이기 때문입니다. 질문 A는 한참을 생각해야 합니다. 토요일에는 친구 모임이 있었고, 일요일에는 낮잠을 잤고, 오후에는 등산을 했는데…… 뭐부터 이야기할까 갑자기 머리가 멍해집니다.

그러고는 이렇게 말합니다.

"그냥 이것저것 했어요."

또 다른 예를 들어보겠습니다.

질문 A 평균수명이 몇 살인지 아세요? (개방형)
질문 B 평균수명이 78세인 것은 혹시 들어보셨습니까? (폐쇄형)

질문 B의 답은 Yes 아니면 No입니다. 그런데 질문 A는 머릿속을 복잡하게 만듭니다. '평균수명이 몇 살이지? 80세가 넘었나? 고령화 얘기는 들어봤는데 혹시 틀리면 어떻게 하지?' 또다시 머릿속이 뒤죽박죽되어 이렇게 말합니다.

"잘 모르겠는데요……"

질문은 취조가 아닙니다. 정답이어도 좋고 틀려도 좋습니다. 단지 질문을 하는 목적은 이야기에 동참하기 위한 과정일 뿐입니다. 따라서 처음 보는 사람과 이야기를 시작할 때 상대방이 답변할 수 있도록 조금만 세심한 주의를 기울인다면 아주 오래 만난 사람처럼 편하게 대화를 이끌 수 있습니다.

2. 팩트에 관련된 질문은 개방형으로 하는 것이 더 호감을 준다

이제 말문이 트이고 본격적으로 그 사람에 대해, 특히 재정 상황과 같은 민감한 내용에 대해 알고 싶어 질문하는 경우는 매우 세심한 주의가 필요합니다.

질문 A 과장님, 보험은 가입하신 게 있습니까?

질문 B 과장님처럼 자녀가 2명이고 직장생활이 10년 정도라면 보험은 통상 30만 원에서 40만 원 정도는 가입하고 계시던데 혹시 과장님은 어떠세요?

질문 A처럼 단답형 질문은 고객을 당황스럽게 만듭니다. 지금까지 편안하게 대화를 나누다가 갑자기 이러한 질문을 받으면 '역시 세일즈를 하러 왔구나?' 혹은 '내가 보험을 몇 개나 가입했을까? 집사람이 알고 있는데⋯⋯.' 이런 생각을 한 뒤 "잘 모르겠는데요"라고 대답합니다.

그러나 잘 모르겠다는 대답을 하는 고객은 정말 양호한 고객입니다. 어떤 사람은 이렇게 대답합니다.

"그건 왜요? 당신 회사 상품이나 설명해보세요!"

고객이 이렇게 반응한다면 그냥 가방 챙겨서 빨리 자리를 떠나는 게 좋습니다. 더 이상 진행해도 소용이 없다는 뜻입니다.

준비되지 못한 질문은 옥토를 황무지로 만들어버리는 잘못을 저지르게 합니다. 그리고 왜 판매가 안 되는지도 모르면서 다음 사람을 만났을 때도 똑같은 잘못을 반복하게 만듭니다.

다시 한 번 강조합니다. 질문은 취조가 아닙니다. 다른 예를 들어 보겠습니다.

질문 A 약사님 저축은 많이 하고 계시죠?

질문 B 제 고객분들 중에도 약사님 정도의 규모로 약국을 경영하는 분들이 몇 분 계십니다. 그분들은 저축을 100만~150만 원 정도 하시던데 약사님도 그 정도는 저축하고 계시죠?

막연한 질문은 고객을 당황스럽게 만듭니다. 차라리 섹터를 정해 두고 고객이 대답하기 쉽도록 유도합니다. 질문 B처럼 섹터를 만들어두면 답은 세 가지입니다. 어떤 답이 나와도 좋습니다. 이미 고객이 본인의 상황을 이야기했고 추가적인 질문을 통해 진행해나가면 됩니다.

- 그 정도 저축합니다.
- 그만큼은 못해요.
- 그보단 좀 더 저축하고 있어요.

3. 긍정적인 질문으로 긍정적인 대답을 유도한다

질문에 따라 사고방식이 바뀌므로 상담자가 질문의 방향성을 명확히 해야 합니다. 즉 어떠한 대답이 나와도 결국에는 고객 스스로 부족한 부분을 인식할 수 있도록 만들어야 합니다.

고객 저는 보험 필요 없어요.

답변 A 보험은 어려운 일을 당했을 때를 대비하는 정말 소중한 것이 아닐까요?

답변 B 누구나 보험은 꼭 필요하다고 하는데, 고객님이 보험을 싫어하는 특별한 이유라도 있습니까? 그리고 갑작스런 어려움에 직면할 때 해결할 수 있는 다른 방안이 있습니까?

필요 없다고 강하게 No를 외치는 고객에게 필요성을 역설한다는 것은 정말 바보 같은 짓입니다. 보험이 필요 없다는 이유가 무엇인지 알아야만 해결될 수 있는 문제입니다. 문제만 알면 해결책은 정말 간단합니다. 사실을 알고 나면 개방형 질문으로 사고의 폭을 넓히고 사고의 깊이를 더해야 합니다.

또한 질문을 할 때는 선택을 할 수 있는 양자택일법(객관적 질문)을 사용하는 것이 효과적입니다. 원하는 대답을 제한할 때 편리하게 사용할 수 있습니다. 예를 들어 "아이들에게 저녁에 뭐 먹을까?"라고 묻는 것보다는 "자장면을 먹을까? 피자를 먹을까?"라고 묻는 것이 대답을 보다 쉽게 유도할 수 있습니다.

마찬가지로 고객과 약속을 잡을 때 고객에게 대답을 유도하기 위해서는 "3시가 좋습니까? 5시가 좋습니까?"라고 표현하는 것이 훨씬 더 효과적입니다.

성공하는 사람들은 자신에게 던지는 질문이 다릅니다. 아무리 어려움과 실패가 있어도 "내가 여기서 무엇을 배울 수 있을까? 이 경험을 어떻게 활용할 수 있을까?"라고 묻습니다. 반면 성공하지 못하는 사람은 "왜 하필 나냐?"라고 묻습니다. 질문은 고객의 생각을 변화시킬 수 있습니다.

생명보험이 필요 없다고 생각하는 고객에게 "만일 당신이 한 달밖에 살 수 없다면 무엇을 하시겠습니까?"라는 질문을 했을 때 고객은 자신의 인생에서 정말 중요한 것이 무엇인지 돌아보게 됩니다. 질문을 통해서 자신이 의도하는 방향으로 향할 수 있게 됩니다.

그렇다면 세일즈맨은 스스로 어떤 질문을 해야 할까요? '내가 하는 일이 돈을 벌 수 있는가보다는 정말 고객에게 도움이 되고 가치 있는 일인가'라는 내용을 담고 있어야 합니다.

세일즈맨 원장님, 원장님의 몸값은 얼마나 된다고 생각하세요?
고객 몸값? 처음 듣는 질문인데요.

허를 찌르는 질문입니다. 병원 원장이 그동안 누구에게 이런 질문을 받았겠습니까?

이런 질문을 통해 생각과 감정을 통제할 수 있습니다. 그렇게 함으로써 세일즈맨은 고객에게 앞으로 있을 일에 대해 중요한 단서를 제공하고 고객을 이야기 속으로 끌어들일 수 있습니다.

질문을 하면 상대방과 동등한 입장에 서게 됩니다. 그런데 사람들은 사회적으로 자기보다 지위가 월등히 높거나 어려운 사람에게는 질문을 잘하지 못합니다.

일례로 입사 면접 시 면접관이 구직자에게 질문을 하면 구직자는 대답을 하는 식입니다. 이 경우 반대로 구직자가 질문을 던진다면 어떤 결과가 나타날까요?

"귀사에서는 이 포지션에 어떤 자격과 능력이 필요합니까?"라고 질문을 한 뒤 면접관의 대답과 자신의 조건을 일치시키는 대답을 하면 구직자는 자신이 원하는 방향의 대화로 면접관을 이끌어갈 수 있습니다. 평소 질문하는 습관을 갖기 위해 노력한다면 어떤 상황에서든 통제권을 행사할 수 있습니다.

보험회사에 좋지 않은 선입견과 왜곡된 시각을 가지고 있는 고객을 만나면 무엇 때문에 보험을 싫어하는지, 올바른 보험회사와 에이전트는 어떠해야 하는지 묻는 것은 매우 중요합니다. 이때 다음과 같은 질문을 던지면 효과적입니다.

"고객님이 생각하시는 좋은 보험회사, 곁에 두고 싶은 보험 에이전트는 어떤 사람이어야 한다고 생각하십니까?"

거래를 위해 친분을 쌓기 위해 부지런히 가망고객을 찾아다니지만 성과를 올리지 못하는 세일즈맨이 있습니다. 대개 이런 사람은 상대방에게 부담을 줄까 봐 질문을 던지지 않고 관계유지에만 힘을 쏟습니다. 질문 없는 나 위주의 최선은 최악입니다. 질문을 통해서만 계약을 성사시킬 수 있다는 점을 명심하기 바랍니다.

2차면담을 하고 상품과 보장내용에 만족을 해서 일주일 후 다시 방문해 청약을 하기로 약속한 고객이 갑자기 마음이 변해 지금은 할 생각이 없다고 거절을 했습니다. 그래서 저는 '이번 주에 청약하기로 해놓고 왜 약속을 지키지 않으시는 겁니까?'라고 설득하고 싶었지만 생각을 바꾸어 "부장님, 지난주에는 제 설명과 보장내용에 상당히 만족하셨습니다. 그때는 무엇 때문에 그렇게 행동하셨나요?"라고 물었습니다.

그러자 그분은 이런저런 통속적인 이유를 대다가, 가족에 대한 보장이 필요하다는 것을 다시금 느끼기 시작했습니다. 2차면담 시 가졌던 열정이 되살아난 것입니다.

무엇이 그 고객의 마음을 바꾸어놓은 것일까요? 저는 그분에게 한마디도 하지 않았는데 제가 던진 질문에 대답을 하다가 지금 하는 것이 좋겠다고 스스로 설득된 것입니다. 그 당시 만약 제 생각을 다시 한 번 강요했다면 그 부장님은 부정적인 쪽으로 생각을 굳혔을 것입니다. 긍정적인 질문이 긍정적인 대답을 이끌어냅니다. 사람들은 상대방의 말보다 자신의 말을 믿습니다. 자신이 결정하게끔 세일즈맨은 도와줄 뿐입니다.

동기부여 강사이자 커뮤니케이션 컨설턴트인 도로시 리즈의 책 《질문의 7가지 힘》에 설득에 관한 재미있는 사례가 나옵니다.

어떤 여자가 남편에게 차를 바꾸자고 졸랐습니다. 하지만 남편은 수리하기를 원했습니다. 수리하는 것보다 새 차를 사면 돈이 많이 들어간다고 생각했기 때문입니다. 남편은 새 차를 사는 비용이 수리하는 비용보다 덜 든다면 차를 사겠다고 대답했습니다.

그래서 그 여자는 가계부에 적힌, 지난 1년 동안 차 수리비의 합산 내역을 보여주었습니다. 결국 남편은 그제야 새 차를 사는 것이 더 경제적이라고 납득을 하게 됩니다. 아내의 말에 설득된 것이 아니라 수집한 증거를 보고 스스로 자신을 설득한 것입니다.

저는 청약서 작성을 마치면 고객들에게 항상 질문을 합니다.
"고객님은 어떤 부분 때문에 계약하시게 되었습니까?"

그러면 십중팔구는 "상품도 상품이지만 김창국 씨의 열정 때문에 하게 되었습니다"라고 대답합니다. 그러면서 고객은 또 한 번 스스로를 설득하게 됩니다. 김창국에게 소개도 해주고 보험도 잘 유지해야겠다고 말입니다.

탁월한 세일즈맨들은 눈을 마주 보면서 고객들에게 질문을 합니다. "왜 이 상품이 필요한 것일까요?" 그 대답을 하는 순간 그들은 스스로 여러분의 고객이 될 것입니다.

3부

실전에서 바로 써먹는
스토리 활용편

매직 워드로
대화를 주도하라

동일한 상품을 판매하기 위해 사람들 앞에 나선 두 사람이 있습니다. 한 사람은 말을 아주 또박또박 잘합니다. 그런데도 말하는 내용이 귀에 잘 들어오지 않습니다. 반면 또 한 사람은 말은 약간 어눌하지만 듣는 사람들의 귀에 쏙쏙 들어오게 이야기합니다. 과연 어떤 차이가 이런 결과를 낳게 만든 것일까요?

대부분의 세일즈맨이 고객에게 자사 상품을 소개할 때 "우리 상품이 좋은 상품입니다. 우리 회사가 좋은 회사입니다"라는 식의 말을 강조합니다. 이런 상투적인 말로는 고객의 호감을 끌 수 없습니다. 고객의 공감을 얻어내는 것, 동기부여를 시키는 것이 중요합니다.

흔히들 "같은 말이라도 '아' 다르고 '어' 다르다"라는 말을 합니다. 유능한 세일즈맨은 고객의 귀에 쏙쏙 들어오고 고객의 가슴에 꽂히는 특별한 매직 워드(magic word)를 사용합니다. 처음 고객을 대면할 때 어떤 식으로 대화를 풀어갈지 고민이 된다거나 문제해결에 직면했을 때 매직 워드를 사용해 대화를 이끌어보십시오. 반드시 좋은 결과가 기다리고 있을 것입니다.

"만약 당신이 내 형님이라면……"

예전에 허리 디스크 수술을 하려고 병원을 찾은 적이 있습니다. 그런데 진료부장이 저에게 의외의 말을 했습니다.

"선생님처럼 디스크가 심한 경우에는 90퍼센트가 수술을 받고 나머지 10퍼센트는 수술을 하지 않고 경과를 지켜봅니다. 만약 선생님이 제 형님이라면 저는 수술을 안 하고 지켜보라고 권유할 것입니다."

'만약 당신이 내 형님이라면……'이라는 말은 강력한 매직 워드 중의 하나입니다. 저는 이 파워풀한 매직 워드를 알고 있었지만 제가 의사에게 그런 말을 들을 줄은 몰랐습니다. 역시 매직 워드는 강력한 효과를 발휘했습니다. 저는 의사의 말대로 수술 없이 경과를 지켜보며 치료를 하기로 했습니다. 그리고 저도 종종 그 매직 워드를 유용하게 사용하곤 합니다.

인간관계에 뛰어난 후배들에게 얘기할 땐 "내 동생 같아서 하는 말인데……" 또는 나이 지긋하신 친구 어머님이나 아주머니들을 보면 "제 어머님 같아서 드리는 말씀인데……"라는 말을 사용해보기 바랍니다. 그 말이 주는 굉장한 힘을 느낄 수 있을 것입니다.

"이 사업을 어떻게 시작하게 되었습니까?"

보통 자영업자나 상가를 찾아가면 이들은 오로지 어떻게 하면 세일즈맨을 쫓아낼 수 있을까부터 생각합니다. 그런데 "이 사업을 어떻게 시작하게 되었습니까?"라는 질문을 하면 상대방이 신이 나서 먼저 자기 이야기를 늘어놓습니다. 저도 수차례 경험한 적이 있습니다.

다음은 제가 한 양산회사 사장님을 만났을 때의 일입니다.

나 안녕하십니까, 사장님! 저는 김창국 에이전트라고 합니다. 손성호 사장님 소개로 이렇게 찾아뵙게 되었습니다.

사장님 (매우 불만족스러운 표정과 퉁명한 말투로) 난 보험회사 사람들과 더 이상 할 말이 없습니다.

나 혹시 손성호 사장님께 연락 못 받으셨습니까?

사장님 연락은 받았지만 보험은 벌써 친지들과 지인들에게 들 만큼 들었고 더 이상 가입할 보험도 없고 여력도 없습니다. 그러니 시간 낭비하지 말고 돌아가세요.

나 잠시 5분 정도만 시간을 주십시오. 사장님, 여러 보험회사 직원들을 만나 보셨겠지만 제 이야기를 들으면 달라지실 겁니다. 정말 잠깐이면 됩니다.

사장님 (계속해서 책상 위의 서류들을 검토하며) 오늘은 정말 시간도 없고 더 이상 김창국 씨와 이야기할 생각도 없습니다.

나 (바닥에 설치해둔 그 회사 양산들 중 하나를 신중하게 살펴보다가) 아, 이 제품들을 만드시는군요? 우리 집사람도 이 회사 양산을 씁니다. 물론 저도 이 회사의 우산을 좋아합니다. 디자인도 예쁘고 내구성도 아주 뛰어나더군요.

사장님 (내 말에 관심을 보이는 듯 고개를 들며) 그렇게 생각해주니 고맙군요.

나 (다시 한참 동안 양산을 쳐다보다가) 이 사업을 시작한 지 얼마나 되십니까?

사장님 아, 올해로 20년이 됐네요.

나 사장님께서 디자인도 멋지고 실용적이며 가격까지 합리적인 최고의 양산을 온 세상에 판매하셔서 많은 사람들이 사장님 회사 양산을 찾는 것처럼, 저도 앞으로 20년간 사장님처럼 훌륭히 생명보험 상품을 성실과 정성으로 꾸준히 전해드리며 사장님 같은 위치에 오르고 싶습니다. 사장님께서 이 사업을 시작하게 된 계기를 들려주시면 너무나 감사하겠습니다. 이 사업을 어떻게 시작하시게 됐습니까?

사장님 (책상에 턱을 괴고 나를 쳐다보며 기분이 고조된 표정으로) 아, 얘기하자면 길지요…….

이런 식으로 이야기가 시작되면 고객은 경청을 해주고 맞장구를 쳐주고 반응을 합니다. 신이 나서 이야기를 하다 보면 분위기가 고무되면서 결국 고객이 불신이나 긴장을 풀고 마음의 문을 열게 됩니다. 이때 명심해야 할 것은 세일즈맨이 고객에게 하고 싶은 이야기를 하는 것보다는 고객이 하고 싶은 이야기를 하게끔 분위기를 조성하는 게 중요하다는 점입니다.

'왜' '그 밖에 또?'

우리가 일상적으로 말하는 단어 중에는 본능과 DNA에 깊숙이 박혀 있는 것들이 있습니다. '왜'라는 단어는 의문을 가질 때 많이 사용하는 단어입니다. '왜' 그리고 '그 밖에 또?'라는 단어입니다. 이 말 또한 막강한 힘을 발휘하는 매직 워드입니다.

왜라는 단어는 고객의 본능과 이성에 호소하는 강력한 단어입니다. 왜라는 말을 던지는 순간 질문의 법칙에서 이야기한 것처럼 고객에게 공이 넘어갑니다. 즉 고객이 수세가 되는 것이죠! '그 밖에 또'는 고객이 망설이거나 감추는 진짜 이유를 알아낼 수 있는 매직 워드입니다.

예를 들어 바쁜 의사들과 3~5분간의 첫면담을 하려면 최대한 궁금증을 유발하고 또 궁금증을 풀어주고 강한 인상을 심어주는 프레젠테이션을 해야 합니다. 고객들은 수많은 에이전트들이 모두 자기 회사, 자기 상품이 최고라고 이야기하는 것에 으레 그러려니 하면서 반문을 제기하지 않습니다. 그런데 세일즈맨이 스스로 묻고 대답하면 시큰둥해 있던 고객의 표정이 금세 관심을 표명하며 흥미롭게 변할 것입니다.

> 왜 ○○ 회사여야 합니까? (회사)
>
> 왜 ○○○ 에이전트여야 합니까? (사람)
>
> 왜 ○○○ 상품이어야 합니까? (상품)

다음은 청약을 계속적으로 미루던 한 고객과 만난 사례입니다.

세일즈맨 정호 씨, 약속하신 대로 오늘은 청약합시다.

가망고객 오늘은 안 될 것 같습니다. 9월 10일 이후에 다시 만나서 얘기하시죠. 다음에 뵙겠습니다.

세일즈맨 정호 씨, 만약에 회사 사장님이 오늘 저녁에 갑자기 불러서 연봉인상을 제안한다면 "다음에 다시 얘기하시죠. 9월 10일 이후에 뵙겠습니다"라고 말하지는 않으시겠죠?

가망고객 물론 아니죠.

세일즈맨 그때도 말씀드렸지만 더 이상 청약을 미루시면 보험료가 인상이 되고 상당 부분 손해가 발생합니다.

가망고객 (서류를 보지도 않고 건성으로) 서류들을 놔두고 가시면 생각해보고 다시 연락을 드리겠습니다.

세일즈맨 그러지 말고 지금 결정을 하시죠.

가망고객 지금은 보험의 필요성을 느끼지 못하겠습니다.

세일즈맨 도대체 무슨 이유에서입니까?

가망고객 지금은 경제적 여유가 없습니다.

세일즈맨 (잠시 사이를 두었다가) 단지 그 이유이십니까? 그 밖에 또 다른 이유가 있으십니까? 그 이유 말고 결정하길 주저하시는 다른 이유 말입니다.

가망고객 아니요. 그 밖의 이유는 없습니다. 보험의 필요성은 인정하지만 지금은 돈이 없습니다. 정말 그럴 만한 여력이 없어요.

세일즈맨 단지 그 이유뿐입니까? '그 밖에 또' 다른 문제가 없다면 이 서류를 살펴봐주시기 바랍니다. 경제적으로 부담을 주지 않으면서도 꼭 필요한 보장이 담긴 저렴한 플랜입니다.

가망고객 (그제야 서류를 차근차근 살펴보며) 이 정도면 괜찮을 것 같군요. 흠, 이 금액으로 시작할 수 있다는 거죠?

세일즈맨 물론입니다. 정호 씨는 오늘 정말 훌륭한 선택을 하신 겁니다.

가망고객 좋습니다. 서명하지요.

"제가 이 분야에 대해서 좀 아는데……"

등산용 FM라디오를 사러 대구 교동시장에 갔을 때의 일입니다. 가게 몇 곳을 다니던 중 임팩트 있는 매직 워드를 듣게 되었습니다. FM라디오라는 게 기능상 큰 차이가 없는 데다 어떤 디자인을 선택할지 몰라서 고민하고 있는데, 옆에서 지켜보던 사장님이 말을 건넸습니다.

"제가 등산, 낚시하는 분들에게 FM라디오를 팔아봐서 아는데 등산용 라디오로는 소니가 최고입니다."

저는 더 이상 망설이지 않고 소니 라디오를 선택했고, 구매를 하면서 엄청난 안도감과 신뢰감을 느꼈습니다. 그 사장님의 한마디, "제가 FM라디오를 팔아봐서 아는데……"라는 표현은 아주 겸손하면서도 자신이 이 분야의 전문가임을 은근히 드러내는 좋은 표현이라는 생각이 들었습니다.

그래서 저 또한 고객들을 만날 때마다 "제가 많은 의사 선생님들을 상담해봐서 아는데……"라는 식으로 말합니다. 그러면 까다로운 사람도 저를 신뢰하는 모습을 보입니다. 어떤 상품을 세일즈하든 전문가의 모습과 언어가 전달되어야 고객들은 세일즈맨을 더욱 신뢰하게 됩니다.

"내 눈을 보십시오. 내 눈이 말하고 있지 않습니까?"

결정을 내려야 할 때 고객이 망설이면 저는 주저 없이 이야기합니다. "고객님 제 눈을 보십시오. 이 눈이 거짓말할 눈입니까? 얼굴이 100냥이면 눈이 90냥이라 했습니다. 저의 간절한 마음과 사랑을 담았습니다." 때로는 영어로 말하기도 합니다. "My eyes are telling." 이것은 검증된 매직 워드입니다.

눈은 많은 말을 할 수는 없어도 중요한 말을 할 수 있습니다. 눈빛 속에 나의 마음이 진심인지 또한 얼마나 간절한지. 진검승부를 내야 할 때라면 고객의 눈을 강렬하게 응시해보기 바랍니다. 때로는 고객이 자신이 설득을 당할까 두려워 혹은 자신의 마음이 들킬까 봐 여러분의 눈을 피하는 것을 느낄 수 있을 것입니다. 하지만 포기하지 말고 눈으로 마음을 전달해보십시오. 눈으로 전해진 진심을 통해 고객들의 마음을 얻을 수 있을 것입니다.

　　　　모 카드회사 광고를 보면 행복 바이러스가 퍼지듯
고객과 카드회사가 서로 고마워하며 '~덕분이죠'라는 기분 좋은
'덕분song'을 함께 부릅니다. 꼬리에 꼬리를 무는 릴레이 형식으로
서로에게 감사하는 '덕분'이라는 단어는 고객에게 받은 사랑을 다
시 돌려드리겠다는 카드회사의 생각을 솔직하고 간결하게 압축한
핵심 콘셉트인 것 같습니다.

　'~덕분에'라는 표현은 상대방을 굉장히 기분 좋게 하고 간접적
으로 칭찬해주는 단어입니다. "이 모든 것이 사장님 덕분입니다" 혹
은 "원장님 덕분에 여기까지 올 수 있었던 것 같습니다"라는 표현은
세일즈 실적에 좋은 영향을 미칩니다. 그리고 많은 사람들을 고객으
로 만들 수 있습니다.

　'~덕분에'라는 말은 사람과 사람, 너와 나, 우리가 서로 소통하는
모습을 강렬하게 전달하는 중요한 크리에이티브 요소가 되는 단어
입니다. 이 단어는 아무리 자주 사용해도 질리지 않습니다. 일본의
갑부 사이토 히토리는 늘 그 자신 안에 '덕분에'라는 신이 살고 있다
고 이야기합니다.

　'나는 참 재수가 좋은 사람이다'라는 말 또한 신의 가호나 남들의
도움에 대한 감사한 마음이 같이 담겨 있어 겸손하고 긍정적인 파동
을 일으킵니다. 한때 20억 원이 넘는 빚을 지고 자살을 결심했으나

130만 원으로 재기에 성공한 천호식품 김영식 사장도 이 말을 즐겨 쓴다고 합니다. 그는 아침에 일찍 일어나 태양을 맞이하고 기를 받을 때, 사람들에게 칭찬을 받을 때면 어김없이 "나는 참 재수가 좋은 사람이다"라고 외칩니다.

여러분도 '나는 참 재수가 좋은 사람이다'라는 말을 하루에도 몇 번씩 되뇌어보시기 바랍니다. 한 번도 경험해본 적이 없는 길을 만났을 때도 자신감을 가질 수 있습니다. 또한 자기긍정을 확언한다면 내 자신이 삶으로부터 더 좋은 것을 받아들일 수 있도록 마음의 문을 열 수 있게 될 것입니다.

요약과 이분법을
이용하라

요약하면 강하게 어필할 수 있다

제가 지점장이던 때의 일입니다. 사무실에 어수룩
하게 생긴 아저씨 한 분이 찾아왔습니다.

"여기 지점장님 어디 계십니까?"
"전데요. 무슨 일이시죠?"
"지점장님께 드릴 말씀이 있습니다."

"어디서 오셨습니까?"

"아, △△ 일보사에서 왔습니다. 신문구독에 대해서 말씀드릴 게 있습니다."

"이미 〈○○신문〉을 구독하고 있습니다. 다른 신문은 필요 없습니다."

"지점장님, 지점장님 같으신 분이 제 얘기를 꼭 들으셔야 합니다."

"네? 무슨 말씀이시죠?"

"〈△△ 일보〉를 구독하셔야 될 세 가지 이유를 들려드리겠습니다. 첫째, 〈△△ 일보〉는 영남을 대표하는 지역신문입니다. 지역을 대표하는 지점장 같은 분께서 사랑해주시지 않으면 누가 사랑해주겠습니까? 지점장님께서는 지역을 대표하는 분이고 〈△△ 일보〉는 지역을 대표하는 신문이니 지역의 경제발전을 위해 꼭 구독하셔야 됩니다. 둘째, 〈△△ 일보〉를 받아보시면 세일즈에도 도움이 될 수 있습니다. 각종 지역 경제인의 동향이라든지 경제가 어떤 문제에 직면해 있는지 더욱더 자세히 알 수 있지 않습니까? 셋째, 〈△△ 일보〉를 구독하시면 오늘 5만 원 상당의 사은품을 드립니다."

그분은 마무리까지 아주 재치 있게 했습니다. 자신의 주장을 세 가지로 요약한 설명이 상당히 인상적으로 다가왔습니다. 일반적인 신문 영업사원들과는 차별화둔 전략으로 신선함을 안겨주었습니다. 저도 세일즈를 하는 사람으로서 그분에게 높은 점수를 주지 않을 수가 없었습니다. 저도 모르게 신문을 구독해야겠다는 마음이 들었습니다. 자기 논리를 가지고 "첫째…… 둘째…… 셋째……"하니 그 내용들이 비록 별 이야기가 아니더라도 굉장히 강하게 다가온 것입니다.

사람들은 왜 세 가지로 나누는 것에 대해서 호감을 가질까요? 스티브 잡스도 강의를 할 때 세 가지 예를 많이 들고 3이라는 숫자를 자주 사용합니다. 분명 3이 주는 묘한 매력이 있는 듯합니다.

이렇게 세 가지로 나누어서 이야기하는 데는 논리적인 근거가 있습니다. '인지적 구두쇠 효과'와 관련이 있는데, 인지적 구두쇠 효과란 어떠한 대상을 판단하는 데 있어 최소한의 노력으로 신속하게 대상의 좋고 나쁨의 유무를 판단하려는 인간의 습성입니다. 즉 합리적인 사고과정을 거치지 않고 단편적인 정보만으로 대상의 옳고 그름을 평가해버리는 습성으로 판단의 지름길을 선택하는 것입니다.

만약 '사실 난 알고 보면 좋은 사람인데'라고 스스로를 생각하는 사람이 있다면 미안하지만 그 생각을 바꿔서 첫인상으로 승부할 수 있는 방법을 찾아보기 바랍니다. 상대방은 그렇게 여러 번의 기회를 주지 않을 테니까요.

이분법으로 소통하라

이분법이란 서로 배척되는 두 가지 관점으로 나누는 방법입니다. 이분법 역시 인지적 구두쇠 효과의 전형입니다. 예를 들면 생물과 무생물, 남자와 여자, 동물과 식물, 신세대와 구세대, 아군과 적군, 좋아하는 것과 좋아하지 않는 것 등으로 나누는 식입니다.

이분법은 마케팅에서도 자주 사용됩니다. 예를 들어 미국에서 세븐업(seven up) 광고를 할 때 콜라가 아니란 뜻을 가진 언콜라(uncola)라는 단어를 사용했습니다. '코카콜라의 콜라와 대비되는 세븐업은 언콜라다'라는 이분법으로 소비자들과 소통한 것입니다.

박찬욱 감독이 이영애 씨와 〈친절한 금자씨〉라는 영화를 찍고 그해 대종상에서 감독상을 수상했습니다. 그는 소감을 말할 때 이렇게 말했습니다. "세상에는 두 부류의 감독이 있습니다. 이영애와 영화를 찍은 감독과 이영애와 영화를 찍지 않은 감독입니다." 모든 것이 이영애의 덕분이라는 말을 아주 탁월하게 표현한 것입니다.

제가 세일즈를 하던 초창기에 외국계 보험사에 대해 신뢰를 하지 못하겠다고 이야기하던 고객을 만난 적이 있었습니다. 저는 그 고객의 선입관을 바꾸기 위해 다음과 같은 이야기를 들려주었습니다.

사장님! 누구나 맛집 한두 군데 정도는 알고 있을 겁니다. 사장님도 자주 가시는 맛집이 있으시죠? 그 집을 떠올려보면 메뉴가 복잡한가요? 단순한가요?

유명한 맛집일수록 오랜 전통과 역사를 자랑하고 메뉴 또한 한두 가지에 국한됩니다 그러나 반대로 장사가 잘되지 않거나 혹은 이름이 자주 바뀌는 식당을 보면 수시로 인테리어를 손질하고 메뉴도 자꾸 늘어납니다. 돈가스, 자장면, 탕수육, 김치볶음밥, 삼계탕 등등. 거기다 추어탕까지. 사장님께서는 이 두 곳 중에서 과연 어느 식당에서 가족 식사를 하시길 원하십니까?

그 사장님은 이 이야기를 듣고 깊이 공감하며 제 고객이 되었습니다. 이처럼 이분법적인 설명은 의사결정을 내리지 못해 망설이는 고객이 보다 쉽게 판단을 내리도록 도와줍니다.

저는 사람들과 만날 때 이렇게 이야기를 하곤 합니다.

"세상에는 두 부류의 사람들이 있습니다. 제 고객이 되신 분들과 그렇지 못하신 분들입니다. 제 고객이 되신 분들은 삶의 소중한 가치들을 생각하고 준비하는 가슴 따뜻한 가장들이셨습니다."

고객과 함께 생각하고 말하고 행동하라

저의 고객 중 의사가 600여 명가량 됩니다. 이쯤
되니까 흰 가운을 보거나 병원에 가면 마음이 편해집니다. 그런데
많은 세일즈맨들이 의사들과 계약하는 데 애를 먹습니다. 동등한 입
장에서의 대화가 이루어지지 않기 때문입니다. 의사들은 쩔쩔 매거
나 심부름을 하는 세일즈맨에게는 믿음을 주지 않습니다.

한 번은 의사들과 이야기를 나누다 제가 도심괴사(central nekrosis)

라는 전문용어를 쓰면서 도심공동화현상에 대해 이야기했습니다. 순식간에 저를 보는 눈빛이 달라졌습니다. 그들이 쓰는 전문용어를 의사도 아닌 제가 사용했기 때문입니다.

이처럼 의사에게 다가가려면 세일즈맨 또한 전문가가 되어야 합니다. 공부를 해서든 상식을 익혀서든 그들과 동등한 입지를 만드는 것이 중요합니다. 스스럼없이 의학용어를 쓰고 그들의 커뮤니케이션에 동참해야 합니다.

초기에 의사 시장을 공략하기 위해서 의사들을 만났을 때 그들의 특성이나 그들의 스토리를 몰랐습니다. 그래서 첫면담 중에 쫓겨나기도 하고 잡상인 취급도 당하고 온갖 수모를 겪었습니다. 그래서 그들의 니즈와 스토리에 대해 연구하고 고민하기 시작했습니다. 그 결과 5~10분 만에 임팩트를 주는 니즈 환기 스토리를 만들어냈습니다.

문경의 모 신경외과 원장님을 만났을 때의 이야기입니다.

나 원장님 스스로의 재정적 가치에 대해 생각해보셨습니까?

고객 나의 재정적 가치요? 그거 재밌는 이야기인데요?

나 단순하게 생각해서 원장님의 현재 연봉이 3억 원이고 향후 20년간 근무하신다면 원장님의 재정적 가치는 60억 원 정도 됩니다. 만일 30억 원 정도 되는 보물이 집에 있다면 어떻게 관리하고 보관하겠습니까?

고객 …….

나 원장님처럼 자신의 노동력으로 생산활동을 하시는 분들을 가족들의 자산(family asset)이라고 합니다. 즉 원장님의 노동력 자체가 가족들의 자산입니다. 그것은 옆집에 있는 슈퍼마켓 주인과 원장님의 근본적인 차이를 말해줍니다. 옆집 슈퍼마켓 주인은 몸이 아프면 부인이 대신 슈퍼마켓을 운영하면 됩니다. 더 극단적으로 슈퍼마켓 주인이 유고 시에도 슈퍼마켓은 부인이나 자식들에 의해 운영될 수 있습니다. 그러나 원장님의 병원에는 반드시 원장님이 계셔야 합니다. 병원이 자산이 아니라 원장님이 자산이기 때문입니다.

고객 듣고 보니 그렇군요.

나 더욱이 원장님의 자산은 stock(주식, 채권, 부동산)과 flow asset(근로소득)으로 나누어질 수 있는데 원장님처럼 막 개원하신 분들은 근로소득과 미래소득이 대부분입니다. 원장님의 미래소득에 대한 안전장치는 마련해두어야 하지 않겠습니까?

그렇게 시작된 첫만남 이후 그 원장님은 본인의 재정적 가치와 보장의 필요성에 환기되어 며칠간 잠을 이루지 못했다고 말했습니다. '나의 재정적 가치는 얼마이고 나는 얼마나 소중한 자산인가?' 라는 스토리는 지금까지 고객이 생각해온 보험의 벽을 허물어뜨리고도 남는 것이었습니다.

마음을 여는 데는 유머가 최고다

고객의 마음을 여는 데 유머만큼 강한 임팩트를 주는 것도 없습니다. 유머를 이용해 훌륭한 스토리를 만들어낸 회사로 미국의 사우스웨스턴항공을 들 수 있습니다. 사우스웨스턴항공은 승객들에게 '재미'를 주는 펀(fun)경영으로 많은 수익을 올립니다.

승객들이 모두 비행기에 탑승하면 기내에는 기장의 안내방송이 흐릅니다.

승객 여러분! 오늘도 어김없이 저희 사우스웨스턴항공을 이용해 주신 데 대해 감사 말씀을 드립니다. 여러분을 목적지까지 안전하게 모실 기장 '로버트'입니다. 기내에서는 금연입니다. 그러나 부득이 담배를 피워야겠다는 분은 비행기 밖 테라스로 나가주십시오. 그곳에서 잠시 후 영화 〈바람과 함께 사라지다〉를 상영할 예정입니다.

우리나라에도 사우스웨스턴항공 못지않은 회사가 있습니다. 바퀴벌레, 쥐 등의 방제를 전문으로 하는 세스코입니다. 사실 세스코는 사업 자체의 이미지만 놓고 보면 최악의 기업입니다. 그런데 회사 홈페이지 게시판에 올라온 엉뚱한 질문에 재치 있게 답변을 해줌으로써 세스코는 일약 스타기업으로 발돋움했습니다. 세스코 게시판에 올라온 질문과 재치 있는 답변 몇 가지를 소개합니다.

질문 해충 몇 마리를 먹어야 배가 부를까요?
답변 안녕하세요. 세스코입니다. 해충 몇 마리를 먹어야 배가 부른지는 잘 모르겠고 해충 한 마리만 먹어도 배가 아플 것 같은데요.
질문 우리 집에 언제부터인가 빨간개미들이 우글우글 번식하기 시작했어요. 이젠 화장실까지 침입해서 비누를 공격하고 있어요. 보일 때마다 물을 뿌려 죽이는데 없어지질 않아요. 그런데 개미가 비누도 먹나요?

답변 네. 신기하세요? 사람은 담배도 먹는데요, 뭘…….

질문 사람들 너무한 거 아닌가요? 세스코는 해충만 잡는데 왜 이렇게 유명한 거죠? 난 지구를 지키는데…….

답변 혹시 어느 지구 지키세요? 제 친구는 잠실지구 지켰었는데……. 공익근무요원이었거든요~.

어찌 보면 그냥 장난처럼 올리는 고객들의 질문에 유머러스한 답변을 해줌으로써 세스코는 부정적인 기업 이미지를 걷어내고 돈으로 따질 수 없는 엄청난 홍보효과를 누렸습니다.

특히 보험 세일즈에서는 가망고객들이 가지는 부담감과 거부감이 다른 세일즈 분야보다 훨씬 강도가 크기 때문에 고객의 심리적 부담감 해소를 위해 적절한 유머가 필요합니다.

한 중소기업 사장님과 연간 보험료가 웬만한 샐러리맨의 일 년 연봉과 맞먹는 큰 계약을 하게 되어 내심 즐거워하고 있었는데, 갑자기 그 사장님의 표정에 불안한 기색이 역력했습니다. 금액이 워낙 크다 보니 혹시 본인의 결정이 잘못된 것은 아닌지 염려스러웠던 것입니다. 이 순간 에이전트에겐 몇 초가 몇 시간과 맞먹을 정도로 길게 느껴집니다. 혹시 고객의 마음이 바뀔까 봐 노심초사합니다. 저는 분위기를 감지한 뒤 얼른 이야기를 시작했습니다.

"사장님은 저를 만나신 것이 불행의 시작입니다."

그 사장님은 화들짝 놀라며 정색을 하며 말했습니다.

"그게 무슨 말입니까?"

"하하! 사장님이 저를 안 만났다면 이 큰 금액을 매달 앞으로 십여 년간 지출하지 않아도 되지 않습니까? 그러니 불행이죠."

"그렇네요."

"사장님 대신 제가 그 몇 십 배로 사장님 가정의 행복지킴이가 되도록 노력하겠습니다. 잘 지켜봐주십시오. 그러니 사장님은 앞으로 저에게 잘보여서야 합니다."

"아니, 이거 뭔가 거꾸로 된 것 같은데요. 하하하!"

그제야 그 사장님은 환한 표정을 지으며 만족해했습니다. 한순간에 그 어색하고 긴장된 상황이 해소된 것은 말할 필요도 없습니다. 이것이 바로 유머가 주는 효용의 힘입니다.

가슴으로 느끼고 가슴으로 이야기하라

어떤 상품을 판매할 때 상품을 스토리화해서 판매할 수 있으면 더욱더 큰 가치를 가지고 고객들에게 접근할 수 있습니다.

모두투어 홍기정 부사장은 잡지 《DOVE》와의 인터뷰에서 "여행은 머리가 아닌 가슴으로 하는 것인데 가이드 역시 고객들에게 머리가 아닌 가슴으로 전달될 수 있어야 한다"라고 말했습니다.

그리고 그는 여행자들이 자신의 이야기를 좋아하는 이유를 다음과 같이 말했습니다.

이탈리아 베로나에는 로미오가 달콤한 구애를 속삭이던 줄리엣의 집이 있습니다. 다른 가이드들이 그곳을 '줄리엣의 발코니'라고 심플하게 설명할 때, 저는 로미오가 줄리엣에게 사랑을 맹세할 때 줄리엣이 한 말을 낭독해줍니다. 'Don't swear on the moon. Because moon change everyday(달에게 맹세하지 마세요. 달은 매일 변하니까요).' 사람들은 그 총총한 낭만을 베로나의 발코니와 함께 기억합니다. 대략의 동선이 나오면 저는 그 도시에 입성할 때 어떤 음악을 틀지도 생각합니다. 비엔나에 입성할 때는 모차르트의 웅장한 교향곡을 틀고, 독일 라인 강 지역을 지날 때는 '로렐라이 언덕'을 틀어줍니다. 충만한 여행을 위해 우리 여행자 모두는 스스로 명민한 가이드가 되어야 합니다. 여행지와 관련된 문학과 영화, 음악까지 두루 섭렵한 자의 여행은 가을 들녘처럼 풍성할 수밖에 없습니다.

이처럼 스토리가 있는 시나 문학들을 고객에게 전달해보기 바랍니다. 그러면 고객에게 다가가기가 훨씬 쉬울 것입니다. 공감을 불러일으킬 수 있는 스토리와 감동적인 사례들은 비단 세일즈를 통해서만 적용되는 것은 아닙니다.

다음은 지금은 퇴임한 대전고등법원 박철 부장판사가 내린 판결문의 한 구절입니다.

가을 들녘에는 황금물결이 일고, 집집마다 감나무엔 빨간 감이 익어간다. 가을걷이에 나선 농부의 입가엔 노랫가락이 흘러나오고, 바라보는 아낙의 얼굴엔 웃음꽃이 폈다. 홀로 사는 칠십 노인을 집에서 쫓아내달라고 요구하는 원고(대한주택공사)의 소장에서는 찬바람이 일고, 엄동설한에 길가에 나앉을 노인을 상상하는 이들의 눈가엔 물기가 맺힌다.

뇌경색 후유증으로 거의 몸을 움직일 수 없는 아내를 돌보던 노인이 임대주택에서 쫓겨날 위기에 처해 있었습니다. 1심에서 패소하고 길바닥에 나앉을 절박한 처지에 놓여 있던 노인에게 박철 부장판사는 "우리 모두는 차가운 머리와 따뜻한 가슴을 함께 가진 사회에서 살기 원한다. 법의 해석과 집행도 따뜻한 가슴도 함께 갖고 하여야 한다고 믿는다"라며 대한주택공사에 패소 판결을 내렸습니다.

이처럼 스토리는 사람들의 마음을 따뜻하게 할 수 있고 움직이게 하는 큰 힘을 지니고 있습니다. 우리가 어떤 일을 하든지 스토리를 활용한다면 좀 더 쉽게 그 일에 다가갈 수 있습니다. 그리고 만나는 사람들의 직업을 이해하고 그 사람들의 입장에서 생각한다면 성공에 한발 더 가까이 다가갈 수 있을 것입니다.

부자 마인드를 공유하라

사람들이 관심을 가지는 스토리가 있습니다. 그것을 찾아서 이야기해야 공감대를 형성하기가 쉽습니다. 요즘 사람들이 가장 관심을 가지는 스토리가 뭘까요? 물론 사람들은 저마다 각기 다른 관심 분야를 가지고 있겠지만 통계적으로 살펴본다면 단연 돈 잘 버는 법, 부자가 되는 법이 아닐까 합니다. 이것이야말로 이

시대 현대인들의 최고의 관심사일 것입니다.

다들 한국판 노블레스 오블리주의 대명사 하면 경주 최 부잣집을 떠올립니다. "아무리 부자도 3대를 가지 못한다"라는 말이 있는데, 최 부잣집은 12대를 거치면서 300년간 부를 유지했습니다. 게다가 사람들의 존경까지 받았는데, 이런 일이 가능했던 데는 그들만의 부자 철학이 있었기 때문입니다.

첫째, 흉년엔 땅을 사지 않는다.
둘째, 만 섬 이상의 재산은 사회에 환원한다.
셋째, 과객을 후하게 대접한다.
넷째, 진사 이상의 벼슬은 하지 않는다.

남이 어려울 때 부를 취하지 않았고, 일정 부분 이상의 욕심을 내지 않았으며, 재물보다는 사람을 귀하게 여겼으며, 관직에 큰 욕심을 두지 않았습니다. 최 부잣집이 300년을 유지할 수 있었던 부의 비결은 과욕을 멀리하고 사람을 사랑하는 휴머니즘에 근간을 두고 있습니다.

제 고객 중에서도 연말이면 겨울 이불을 사서 어려운 노인들에게 선물하는 분들도 있고 쌀을 팔아서 여러 복지단체에 익명으로 기부하는 분들도 있습니다. 이분들은 좋은 일을 하면서도 돈도 많이 벌고 계십니다. 이는 주역의 원리와 같다고 볼 수 있습니다. '적선지가 필유여경(積善之家 必有餘慶)', 즉 좋은 일을 한 집안에는 반드시 경사스런 일이 생긴다는 뜻으로 주역의 핵심원리라 할 수 있습니다.

이는 삶의 원리이기도 합니다.

돈을 버는 것은 기술이지만, 돈을 쓰는 것은 예술입니다. 돈을 기분 좋게 쓰는 것은 더 큰 예술입니다. 돈을 버는 것은 상술이지만 마음을 버는 것, 감동을 얻는 것은 예술입니다.

일본의 갑부 사이토 히토리는, 생각을 바꾸려면 긍정적인 말을 자주 사용하라고 권유합니다. 긍정적인 말을 천 번 이상 반복하면 마음속에 부정적인 말의 파동이 사그라지기 때문입니다.

사이토 히토리는 부자가 되는 비결을 다음과 같이 말했습니다.

첫째, 즐거운 마음으로 살아라.

둘째, 말에는 큰 힘이 있다. 나는 행복해라고 입버릇처럼 말하라.

셋째, 나는 운이 항상 좋다고 생각하라.

넷째, 자신의 지혜를 남에게 가르쳐줘라.

다섯째, 성공의 파동에 영향을 받고 자신감을 갖고 행동하라.

그는 돈에도 생명과 에너지가 있다고 생각합니다. 돈을 지출할 때도 "돈아, 잘 다녀와"라고 이야기를 하고, 작은 돈도 소중히 여깁니다. 그리고 항상 지갑에 현금을 두둑이 지니고 다닙니다. 돈이 돈을 부른다고 생각하기 때문입니다.

다음은 이재영 에이전트의 돈과 부에 관한 상담사례입니다. 그는 먼저 돈에 대한 정의를 내리고 상대방이 바라보는 돈에 대한 생각과 느낌을 파악합니다.

이재영 고객님에게 돈은 좋은 것입니까?

고객 그야 당연히 좋은 것이죠.

이재영 좋다고 대답하셨는데 정답인지 같이 살펴볼까요? 갑자기 많은 돈이 생겼다고 한다면 무엇을 하고 싶으세요?

고객 어머니를 위해 쓰고 싶어요. 노후를 위해 준비도 하고 싶고, 기부도 하고 싶네요.

이재영 그렇습니다. 고객님은 정답을 말씀하셨습니다. 고객님의 돈에는 바로 가족과 나눔이 있습니다. 그러한 돈이라면 필요한 만큼만이 아니라 좀 더 풍족해야 행복해질 수 있지 않을까요? 그러나 돈은 마치 칼 같은 물건입니다. 훌륭한 요리사에게 주어지면 맛있는 음식으로 우리를 행복하게 해주지만, 그렇지 않은 이들에게 주어진다면 행복을 파괴하는 물건이 될 수 있으니까요. 저는 고객님에게 돈이 요리사에게 주어진 칼처럼 좋은 곳에 활용되기를 희망합니다.

그런 다음, 개성 송도상인 이야기를 통해 돈에 대한 관리 방법과 운용이 과거와 현재와 일치한다는 것을 고객에게 이해하기 쉽게 설명합니다.

세상에는 두 종류의 사람이 있다고 생각합니다. 나의 돈을 가져가는 사람과 나한테 돈을 가져다주는 사람, 공감하시죠? 오늘부터 모든 이들을 만날 때 이것을 적용해보세요. 그렇다고 고객님에게 돈을 가져다주는 사람에게는 돈독하게 대하고 그렇지 못한 이들과는 관계를 끊어버리라는 말씀은 아닙니다. 그렇지 못한 관계의 사람들과는 관계를 개선해보세요. 그들을 내게 돈 가져다주는 사람으로 말입니다. 자, 이러한 훈련을 하다 보면 고객님 주변에 돈을 가져다주는 사람들로 가득할 것입니다.

학창시절 선생님이 들려주신 송도상인 이야기입니다. 그들은 돈에 대해 세 가지 원칙을 가지고 있었습니다.

첫 번째는 집전입니다. 간단히 말해 좀 더 많이 팔아 많이 벌란 얘기죠. 요즘은 이를 수익성이라 합니다. 재테크, 맞벌이 등이 그래서 우리의 관심사이지 않습니까? 두 번째는 수전입니다. 힘들게 번 돈을 창고지기가 제대로 지키지 못한다면 그 돈은 나의 돈이 될 수 없는 것이 아니겠습니까? 이를 우리는 안전성이라고 합니다. 세 번째로 용전입니다. 제가 오늘 고객님에게 원금이 보존되고 이익이 열 배가 나는 상품에 가입하라고 한다면 가입하시겠습니까? 안 하신다고 할 이유가 없겠요. 하지만 제가 ○○년 뒤에 드린다고 한다면 그래도 가입하시겠습니까? 돈이란 필요할 때 쓸 수 있어야 합니다.

이처럼 논리적으로 돈 관리와 운용법에 대해 설명한 다음 나이별 상황으로 구분해 멋지게 이야기를 마무리합니다.

오늘 고객님과 이야기를 나누다 보니, 한 여고생의 꿈이 엿보였습니다. 그리고 이제 오십을 앞둔 고객님의 모습도 보였고, 칠십 먹은 고객님의 모습도 보였습니다. 달라지라고 개선하라고 절대 꿈을 포기하지 말라고 미래의 본인이 조언한다면 그렇게 하지 않겠습니까?

부자가 되고 싶은 마음은 고객이나 에이전트나 마찬가지입니다. 그러나 모두 부자가 되기를 원하지만 아무나 부자가 되는 것은 아닙니다. 부자가 되기 위해 돈을 벌고 돈을 지키고 어떻게 활용하는지에 대한 정립이 필요합니다. 그런데 돈이 들어오게 하려면 우선 다른 사람이 자신의 곁으로 모여들게 만들어야 합니다. 휴머니즘에 바탕을 둘 때 비로소 진정 부자의 반열에 오를 수 있습니다.

세일즈 프로세스의 7단계

어떤 물건을 만들 때 공정이 제대로 되어야 완성품
이 될 수 있습니다. 이와 마찬가지로 스토리를 만들 때도 공정이 제
대로 되어야만 합니다. 다시 말해서 프로세스에 충실해야 합니다.

세일즈 프로세스의 첫 번째 단계는 신규 고객 발굴이 아니라 가
망고객 발굴입니다. 이때 제일 중요한 것은 'PICA(Plan[계획수립] →
Information[정보] → Continuous[지속성] → Awareness[세심성])'입니다.

가망고객 발굴은 계획을 수립하고 목표시장이나 타깃에 대한 정보를 수집하고 지속적으로 세심하게 해야 한다는 의미입니다. 극단적인 경우이긴 하지만 시간이 없어 도저히 만날 수 없는 고객이 있다면 먼저 그 사람의 취미를 알아내어, 예를 들어 가망고객이 마라톤을 좋아한다면 그 취미를 공유하고 마라톤을 함께하면서 상담을 할 수 있습니다. 혹은 가망고객을 발굴하기 위해 모임 총무를 역임하면서 관계를 넓힐 수도 있습니다. 이것은 지금부터 말씀드릴 어프로치(Approach)와 매우 밀접한 관계를 가지고 있습니다.

두 번째 단계는 어프로치입니다. 이는 말 그대로 접근입니다. 어프로치는 전화 접근과 사전 접근으로 나눌 수 있습니다. 이 단계에서 제일 중요한 것은 약속을 잡는 것입니다.

지인시장에서도 마찬가지입니다. 때때로 우리는 지인이 고객일 경우 무작정 상담을 진행하기도 합니다. 하지만 이것은 명백한 오류입니다. 면담 약속을 잡는 데에는 이유가 있습니다. 사적인 대화를 나누는 것이 아니라 비즈니스 상담을 위한 목적 있는 만남을 가지기 위해서입니다.

세 번째 단계는 첫면담(Opener, OP)입니다. 첫면담에서의 핵심은 '느낌과 사실을 발견해야 한다'는 것입니다. 고객의 객관적인 사실도 중요하겠지만 그 사람의 가치관이나 철학을 발견하는 것 또한 매우 중요합니다. 이것을 공유해야 고객의 진정한 니즈를 발견할 수 있습니다. 니즈를 끄집어내려면 환기를 시켜줘야 합니다. 니즈 환기를 통해서 고객의 느낌이나 감정이 녹아 있는 사실을 이끌어낼 수 있어야 합니다. 만약 그렇게 되지 않는다면 몇 번의 면담을 더 가진 뒤 원하는 해답이 나오면 다음 단계로 진행해야 합니다.

또한 첫면담에서는 가정방문의 약속을 자연스럽게 이끌어내야 합니다. "보통 저녁식사는 언제 마치십니까? 저녁식사 이후 시간에 제가 방문드리겠습니다"라는 말로 운을 뗀 뒤 가정방문을 꺼려하는 반응이 나오면 "다른 분들도 가족들과 함께 상담을 들으시고 많이 들 좋아하세요. 이 프로그램은 가족을 위한 것이기 때문입니다"라고 승낙을 유도해야 합니다. 가정방문의 목적은 무엇보다도 가족의 안주인을 만나는 데 있습니다. 대부분의 경우 안주인이 돈 관리를 하고 있으며 안주인을 이해시키면 지인 소개가 더욱 많아집니다.

네 번째 단계는 상품 설계(solution design)입니다. 여기서 설계란 말을 사용한 것은 고객의 니즈에 맞춰서 자신의 주관이나 철학, 가치관이 녹아나야 하기 때문입니다.

다섯 번째 단계는 판매 권유 설명(presentation)과 종결(closing)입니다. 세일즈를 잘 못하는 사람들은 대부분 판매권유설명에서 끝맺음을 합니다. 하지만 반드시 종결이 있어야 합니다. 현 상황에서 종결로 이어지지 못한다면 계약이 성사될 수 있는 가능성이 희박해집니다.

"청약을 했다고 바로 계약이 성사되는 것이 아닙니다. 심사기준도 까다롭거니와 건강검진도 받으셔야 합니다. 일단 15일 동안 보장의 느낌을 한 번 받아보시죠"라는 식의 적극적인 권유로 반드시 고객의 동의를 얻어내야 합니다.

여섯 번째 단계는 증권 전달(policy delivery)과 소개받기(referral)입니다. 고객에게 확신을 심어주고 생명보험의 필요성을 재확인시켜

세일즈 프로세스 7단계

가망고객 발굴(prospecting)
가망고객 발굴은 계획을 세우고 정보를 수집하고
지속적으로 세심하게 한다.

접근(전화 접근, 사전 접근)
면담 약속 확보

첫면담
① 니즈 환기 ② 사실 이끌어내기 ③ 2차면담 약속

상품 설계 단계
자신의 철학과 고객의 상황이 결합된 창의로운 상품설계

판매 권유 설명과 종결
판매권유 설명 후 반드시 거절처리를 거쳐 청약

증권 전달과 소개받기
• 증권 전달을 통해 간단히 계약사항을 리뷰하며 확신을 주는 단계
• 에이전트의 역할을 공감하게 하며 소개 확보에 주력

서비스
• 정기적인 고객 방문과 리뷰, 정기간행물 등으로 6개월~1년 동안 점검 서비스
• 지속적인 고객 서비스로 소개를 통한 가망고객 발굴

주는 단계입니다. 이때 모든 기회를 이용해 새로운 가망고객을 발견해야 하며 소개받기는 필수입니다.

일곱 번째 단계는 서비스입니다. DM 발송, 전화 등을 통해 지속적인 서비스를 제공해야 합니다.

구매심리 프로세스를 파악하라

7단계의 세일즈 프로세스가 왜 중요할까요? 우리는 왜 이런 단계를 거쳐 세일즈를 해야 할까요? 그 해답은 여기에 있습니다. 그것은 구매심리 프로세스 때문입니다. 고객들이 구매할 때는 어떤 심리가 작용하는 것일까요?

어떤 사람이 정수기를 판매하러 갔습니다. 아파트를 방문해 벨을 누른 뒤 "고객님, ○○코웨이에서 왔습니다"라고 말하면 대부분 "됐어요. 필요 없어요"라는 반응을 보입니다. 구매심리의 첫 번째 반응은 무지, 불신, 거부감이기 때문입니다.

"잠깐 선물도 드리고 설문조사에 응해주시면 추첨을 통해 상품도 드립니다"라고 해서 고객이 문을 열어줬다면, 두 번째는 설득의 과정을 통해 고객이 관심과 호기심을 유발할 수 있도록 만들어야 합니다.

세 번째 단계는 흥미를 자극하는 일입니다. "옆집에는 정수기가 있는데 고객님은 매번 물을 끓여먹기가 불편하지 않으신가요?"라며 현 상황에 대한 불만을 부각시킵니다.

일단 불만이 생기면 이를 해결하기 위한 욕구가 생기게 마련입니다. 이것이 네 번째 단계입니다. "우리도 정수기 하나 구매할까?" 하는 욕구가 생기면 신문이나 TV에 나오는 정수기 광고에 주의를 기울이게 됩니다. 주의를 끌고 나면 욕구가 절로 따라오는 것입니다.

그 이후엔 다섯 번째 단계인 결정의 단계입니다. 결정을 내리기 전 비교하고 검토하는 과정에서 그동안 세일즈맨이 들인 노력의 결과가 나타나는 단계입니다.

여섯 번째 단계는 구매입니다. 본인에게 정성과 관심을 기울여주고 많은 정보를 제공해준 세일즈맨을 생각하게 되고 이왕이면 그에게 구매하게 될 것입니다. 만약 고객들이 1등 브랜드만 선호한다면 2등, 3등 브랜드는 설자리를 잃게 되고 사라지겠지요. 하지만 그렇지 않습니다. 고객이 구매할 때는 이성으로 구매하기보다는 감성으로 구매하는 경우가 대부분입니다.

일곱 번째 단계는 확인과정을 거치게 단계입니다. 만족을 하면 재구매가 이루어지고, 불만족하면 반품을 합니다. 재구매가 이루어지면 소개가 이루어지고 처음부터의 사이클이 다시 돌아가는 것입니다.

이 구매심리 프로세스가 세일즈 프로세스와 어떤 연관성을 갖고 있는지 살펴보겠습니다. 예를 들어 세일즈 프로세스에서 접근을 하면 무지, 불신, 거부감이 일어납니다. 하지만 니즈 환기를 통해서 관심과 호기심을 갖게 되고 불만족을 갖게 합니다. 그다음 판매권유 설명 과정에서 흥미와 욕구가 생기게 하고, 종결을 통해서 결정하게 합니다. 그리고 구매가 이루어지면 증권 전달과 서비스를 통해서 확인 과정을 거치게 됩니다. 즉 세일즈 프로세스가 구매심리 프로세스

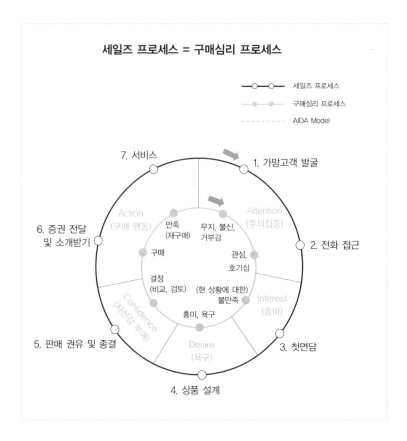

세일즈 프로세스 = 구매심리 프로세스

세일즈 프로세스
구매심리 프로세스
AIDA Model

7. 서비스

1. 가망고객 발굴

Action
(구매 행동)
만족
(재구매)
무지, 불신,
거부감
Attention
(주의집중)

6. 증권 전달
및 소개받기

구매

관심,
호기심

2. 전화 접근

결정
(비교, 검토)
(현 상황에 대한)
불만족
Interest
(흥미)

Confidence
(자신감 부여)
흥미, 욕구

5. 판매 권유 및 종결

Desire
(욕구)

3. 첫면담

4. 상품 설계

를 담고 있는 것입니다.

구매심리 프로세스를 축약을 해보면 'AIDA 논리'라 말할 수 있습니다. 이 논리는 다섯 단계로 이루어집니다.

첫 번째, Attention. 말 그대로 주의 집중하는 것, 사람의 마음과 시선을 끌 수 있어야 합니다.

두 번째, Interest. 흥미를 부여하는 것, 재미가 있어야 됩니다. 세일즈를 할 때 재미가 없다면 세일즈는 어렵습니다. '그 사람과 있으면 너무 재미있어. 시간 가는 줄 모르겠더라구' 하는 말을 들을 수 있는 사람이 세일즈를 잘하는 사람입니다. 이것은 어떤 세일즈를 막론하고 다 적용되는 것입니다. '재미있다'란 말은 엄청난 무기가 됩니다. 재미를 느끼는 순간 상대방이 호감을 느낍니다.

세 번째, Desire. 흥미를 부여해서 재미를 느끼면 욕구가 발생합니다. '정말 재미있고 좋은 사람이야. 설명을 들어보니까 괜찮은 상품 같으니 나도 하면 좋겠다.' 이런 욕구가 발생하는 것입니다.

네 번째, Confidence. 자신감, 자기 자신에 대한, 보험료 납부가 충분히 가능하다는 자신감을 부여하는 단계입니다. '사장님 정도 되시는 분은 이 정도는 하셔야 됩니다. 하루 점심값 조금 줄이시면 가능합니다.' 이런 말은 자신감을 유도합니다.

이런 행동들이 필요한 이유는 다섯 번째 단계인 Action을 취하기 위해서입니다. 다시 말해 종결하기 위해서입니다.

이처럼 프로세스를 충분히 이해하고 고객들에게 다가간다면 세일즈 활동에서 좀 더 용이하게 대처할 수 있고 교섭력도 강화할 수 있습니다. 또한 과학적인 접근과 선배들의 성공사례를 통해 체계화된 고객 구매심리를 변화시킬 수 있는 기술, 즉 세일즈 프로세스를 성실히 수행하면 시행착오를 많이 겪지 않고도 성공을 거둘 수 있을 것입니다.

환기하라

행복한 사람은 있는 것을 사랑하는 사람이고
불행한 사람은 없는 것을 사랑하는 사람이다.
행복해서 감사한 것이 아니라 감사해서 행복하다.

— 손실원

감정의 롤러코스터를 타게 만들어라

　　니즈 환기는 세일즈 프로세스의 세 번째 단계인
첫면담의 세 가지 상담 중 가장 중요한 상담입니다. 이 상담이 제대
로 되어야 '사실과 느낌의 발견'이라는 고객의 중요한 단서를 발견
할 수 있기 때문입니다. 어떻게 보면 제가 이야기하고 있는 스토리
세일즈의 메인 콘텐츠가 니즈 환기일 수도 있습니다. 릴렉스나 유
머나 자기소개 등 모든 것이 스토리여야 하지만, 특히 니즈 환기는

스토리의 정수라고 할 수 있습니다.

박세리 선수가 "골프에서도 자기만의 샷이 있어야 한다"라고 이야기한 것처럼 니즈 환기를 할 때는 반드시 자기만의 임팩트가 있는, 자신 있는 스토리가 있어야 합니다.

니즈 환기가 제대로 되느냐 안 되느냐에 따라 세일즈 프로세스가 계속 잘 진행될 수 있느냐 안 되느냐가 판가름되기도 합니다. 스톡홀름 신드롬은 니즈 환기의 본질은 무엇이고 어떻게 해야 하는지를 잘 설명해주고 있습니다.

스톡홀름의 한 은행에 떼강도가 들었습니다. 며칠간 경찰과 대치했고 마침내 떼강도들이 붙잡혔습니다. 그런데 인질로 있던 한 여자가 그 강도 중 한 명과 사랑에 빠졌습니다. 인질이 폐쇄된 공간에서 자신의 생사여탈권을 쥔 범인에게 감화되는 현상을 보인 것입니다. 당시 인질들은 강도에게 협조까지 하는 병리 현상을 보였는데, 인질범이 인간적인 행동을 함으로써 이 같은 심리적 변화를 유발한 것입니다. 이러한 심리적 변화를 사랑을 느끼게 하는 과정이라고 뇌가 혼돈을 한 것입니다. 즉 파토스(감성)가 인간의 판단과 행동과정에서 중요하다는 사실과 감정의 롤러코스터 가운데 파토스가 있다는 사실을 알아야 합니다.

또 다른 사례를 들어보겠습니다.

다리가 두 개 있었습니다. 한 다리는 참 튼튼한 다리입니다. 그 다리를 한 남자가 지나가게 했고, 어여쁜 여자를 맞은편에서 오게 했습니다. 이 남자는 '어, 저 여자 참 이쁘네'라는 생각만 하고는 그냥 지나쳤습니다. 이번에는 아주 위험한 외다리에서 똑같은 상황을 만들어봤습니다. 그러자 그 남자는 그 여자를 사랑하게 됐고, 프러포즈까지 하게 되었다고 합니다.

이런 과정을 어떻게 설명할 수 있을까요? 대학교 시험기간에 도서관에서 중요한 시험을 앞두고 커플이 많이 생기고, 목숨이 위태로운 전쟁 중에 아름다운 러브 스토리가 많이 생기는 것과 같은 이치입니다. 즉 불안하고 위험해질수록 더 열렬히 사랑하게 된다는 결론입니다.

위의 두 사례가 말해주듯이 고객이 감성적으로 몰입하게 되는 상황을 만들어야 합니다.

천안의 모 병원을 방문했을 때의 일입니다. 마침 다른 지점의 입사동기도 자신의 대학 선배라며 그 병원 원장님을 기다리고 있었습니다. 저는 그에게 양보하기로 하고 그 원장님과의 면담에 같이 참석했습니다. 그는 인사를 마친 후 대뜸 물었습니다.

"선배님, 상속 증여에 대한 준비는 되셨습니까?"

너무나 논리적인 질문이었습니다. 그러자 그 원장님은 시큰둥하게 반응했습니다.

"회계사와 변호사가 알아서 할 것이네."

그러자 더 이상 대화가 진전되지 못했습니다.

인사를 마치고 나와서 그에게 물었습니다.

"너희 지점에서는 종신보험 상품을 팔 때 이렇게 세금으로 접근하나 보지?"

"너는 어떻게 하는데?"

"글쎄, 나라면 다른 질문을 했을 텐데 말이야."

"어떤 질문?"

"원장님, 원장님은 그동안 살아오시면서 가장 소중하게 생각하는 것이 무엇입니까? 이렇게 성공하신 원장님으로부터 삶의 지혜를 듣고 배우고 싶습니다라는 식의 이야기를 이끌어냈을 거야."

니즈 환기의 초점은 논리적인 것이 아니라 감성적인 것, 즉 고객의 논리보다는 파토스에 호소하는 것입니다. 니즈 환기는 인간의 내면에 깔려 있는 가장 본질적인 것을 이야기하는 것입니다.

역사적으로도 이런 사례가 즐비합니다. 종신보험이 가장 많이 팔렸을 때가 언제였을까요? 놀랍게도 IMF 때입니다. 심리적으로 불안정하니 그런 결과가 나온 것입니다. 또한 IMF 때 이혼율이 높았을 것 같지만 의외로 이혼율은 높지 않았다고 합니다. TV에 나오는 노숙자의 모습이나 힘들어하는 가족의 모습을 보고 오히려 가족 간의 유대 관계가 더 좋아졌다고 합니다.

로미오와 줄리엣이 집안의 반대가 없었다면 그렇게 열렬하게 사랑하게 되었을까요? 집안의 반대도 심하고 절대 이루어질 수 없는 사랑이라 그렇게 더 열렬히 사랑한 것입니다.

이 역시 '니즈 환기'와 연결됩니다. 고객에게 필요성을 느끼게 해주어야 합니다. 준비되지 않은 미래에 대한 불안감을 느끼게 해주어야 합니다. 감정의 롤러코스터를 타게 해야 합니다.

니즈 환기가 되면 주도권을 쥘 수 있다

제가 아는 선배 중에 증권회사에서 라이프플래너

로 전업한 분이 있었습니다. 하루는 그분이 자신이 어떻게 해서 보험업계에 입문하게 되었는지 말하는 과정에서 이런 이야기를 들려주었습니다.

울산에서 운수업을 하시는 형님이 계시는데 어느 날 갑자기 간암 판정을 받았으니 와서 도와줄 수 있겠느냐는 연락이 왔어. 그래서 울산에 가서 일도 봐드리고 형님에게 도움이 될 수 있는 일이라면 무엇이든 했지. 그러던 중 수술을 받게 되었는데 간절히 바라면 이루어진다는 말을 믿고 어린 조카들을 위해서라도 형님을 꼭 살려달라고 마음을 다해 기도를 했어. 내 기도에 응답이라도 하듯 수술을 잘되었고 퇴원을 했어.

그러나 곧 형님의 병이 재발했고 점점 악화되어갔지. 형수님은 사업체도 정리하고 집도 팔아서 형님의 간병에 최선을 다했고 그러다 보니 빚까지 지게 되었지.

어느 날, 형님이 나를 불러 욕창과 땀으로 흥건히 젖은 병원복에서 조그만 비닐봉투를 주섬주섬 꺼내시는 거야. 그 비닐봉투를 내게 건네시며 살짝 미소를 보이시더니 '여기저기서 찾아오는 아주머니들 성화에 들어놓은 보험인데 지금 생각해보니 이거라도 들어놓은 것이 얼마나 다행인지. 내가 죽으면 보상금이 2억 원 정도 나올 건데 그걸로 우리 애들 교육 좀 부탁할게' 하시는 거야. 나는 걱정 마시라고 대답을 했는데, 막상 알아보니 보상금이 3,400만 원 정도밖에는 안 됐지만 나는 형님에게는 얘기하지 않고 끝까지 형님을 안심시키며 보내드렸어.

몇 년 후 아이들이 초등학교 고학년이 되었을 때 한번은 "너희들 꿈이 뭐니?"라고 물었는데 아이들이 선뜻 대답을 못하는 거야. 그러다 큰 애가 "삼촌, 우리는 꿈이 없어요. 엄마가 저렇게 고생하시는데 빨리 커서 돈 많이 벌어야 해요" 하는 거야. 조카들은 꿈조차 꿀 수 없는 아이들이 되어 있었던 거지. "삼촌이 너희 뒷바라지 다 해줄게"라고 말해도 소용이 없었어.

아버지의 죽음이 아이들의 꿈까지 빼앗아간 거지. 아버지의 죽음만으로도 현실을 감내하기 어려운데, 아이들이 꿈까지 잃어버리지 않도록 미래 대비를 철저히 해놓아야 한다는 생각을 했어.

선배의 이야기를 들은 뒤, 저는 고객과의 약속이 있어 여의도로 발걸음을 옮겼습니다. 그러나 약속장소로 가는 내내 그 선배의 이야기가 맴돌았고 여운이 사그라지지 않아 눈시울이 붉어졌습니다. 가슴이 엄청나게 뜨거워졌고 제가 하고 있는 일에 대한 열정이 넘쳐났습니다.

그리고 그날 만난 고객은 IT전산업체의 사장으로 회사가 부도 나서 어려운 상황이었습니다. 그 선배의 이야기로 니즈 환기를 시켰더니 그분도 굉장히 감동을 받은 듯했습니다.

하지만 그분은 자신이 처한 상황을 말하며 힘없는 목소리로 말했습니다.

"그런데 지금 회사 직원들 월급도 제때 못주고 있는데 제가 무슨 보험을 들겠습니까?"

"사장님, 이럴 때일수록 보험은 더 중요합니다. 이렇게 직원들 월급도 못 주는 시기에 혹여나 사장님께서 무슨 일을 당하시면 남아 있는 가족들은 어떻게 합니까?"

이야기를 나눈 끝에 청약서에 서명을 하려던 찰나였습니다. 그런데 잠시 머뭇거리더니 담배를 들고 밖으로 나가려고 했습니다.

그때 저는 "사장님, 지금 뭐 하시는 겁니까?! 이렇게 중요한 시간에 제 이야기 끝까지 다 듣고 청약서에 서명하고 나가십시오" 하며 언성을 조금 높였습니다. 그 순간 제가 어떻게 그렇게 할 수 있었는지 지금 생각해도 잘 이해가 안 되지만, 그 당시에는 저도 모르게 상대방을 압도하는 강한 힘이 뿜어져 나왔습니다.

"생각해보니 김창국 씨 말이 맞는 것 같습니다. 지금도 어려운데 나마저 없다면 우리 가족은 정말 앞길이 막막할 겁니다. 제가 올바른 결정을 내릴 수 있게 도와주셔서 감사합니다."

이로써 비교적 보험료 부담이 적은 정기보험으로 청약이 마무리되었습니다. 매우 어려운 상황이었지만 고객과의 공감대가 형성되어 고객과의 대화에서 주도권을 쥘 수 있었습니다. 제 스스로 니즈 환기가 되어 있었기에 고객에게도 니즈를 전달할 수 있었던 것입니다.

니즈 환기를 할 때는 상황을 자세히 묘사하고 고객으로 하여금 그 상황을 상상할 수 있게 만들어야 합니다. 빛깔, 소리, 향기를 느낄 수 있게 하면 고객의 상상력은 자극을 받습니다. 제가 그 선배의 이야기를 들으며 감동을 받을 수 있었던 데는 그 선배의 화법이 굉장히 인상적이었기 때문입니다. 이야기 하나하나가 제게 생생하게 전달되었고 비주얼적인 상상을 하며 이야기에 귀 기울일 수 있었습니다. 이것은 니즈 환기를 하는 데 있어 굉장한 강점으로 작용합니다.

니즈 환기가 되면 모든 장애물을 극복할 수 있습니다. 한 번은 제가 청송 한마음병원의 원장님을 만나 첫면담을 하고 나서 가정방문을 하기 위해 이동 중이었습니다. 그런데 갑자기 방문을 안 했으면 좋겠다는 전화가 왔습니다. 이유를 묻자 어제 사모님과 보험 가입 문제 때문에 다투셨다고 했습니다. 이미 여러 개의 보험을 들었는데 또 무슨 보험이냐며 새로운 보험 가입은 가당치도 않다며 완강한 반응을 보이신다고 것입니다.

그러나 저 또한 굽힐 수가 없었습니다. "일단 가겠습니다"라고 말하곤 전화를 끊었습니다. 도착하여 초인종을 눌렀는데 문을 열어주지 않았습니다. 여러 번 두드려도 감감 무소식이었습니다. 옆집 사람도 나와서 내다보는데 정작 그 집 문은 열리지 않았습니다. 그러기를 30분, 그제야 문이 열렸습니다.

"김창국 씨, 내가 오지 말라고 했잖아요."

"원장님, 여기까지 왔는데 차라도 한잔 주십시오."

집으로 들어서자 사모님이 보였습니다.

"원장님, 오늘 제 이야기 듣고 사모님만 오케이하면 가입하시는 겁니까?"

"그야 당연하지. 하지만 우리 집사람이 만만치는 않을걸세. 아무래도 그냥 가는 게 맞을 것 같네. 차나 한잔하고 가지?"

"사모님, 반갑습니다. 여기까지 왔는데 차 한잔 주십시오."

"원장님께서 사모님을 위해 이러한 프로그램을 준비하셨는데, 일단 제 이야기 한 번만 들어주십시오. 이건 일종의 선물인데 하든 안

하든 일단 열어는 봐야 할 것 아닙니까?"

찻잔을 앞에 두고 이야기를 시작했습니다. 옆으로 등을 돌리고 앉아 있던 사모님께선 20분 정도 흐른 뒤부터는 제 이야기에 귀를 기울이기 시작했고 상담이 거의 끝나갈 무렵엔 제 이야기에 집중하고 있었습니다. 잠시 뒤 멀찌감치 밖에서 신경도 안 쓰고 계시던 원장님을 불러 청약서에 서명을 하라고 했습니다.

원장님도 적잖이 놀라셨는지 "당신, 그렇게 보험이 싫다고 안 한다고 하더니 왜 갑자기 생각을 바꿨어?"라고 물었습니다. 그러고는 저보고 자꾸 자신의 집에서 술 한잔하고 자고 가기를 권했습니다. 알고 보니 고집 세고 까다로운 사모님을 어떻게 설득했는지 그 비법을 알고 싶어서였다고 합니다.

그 비법은 하나입니다. 저는 단지 고객이 청약을 하게끔 프로세스대로 움직였을 뿐입니다. 고객에게 니즈 환기를 시켰고 굳이 오지 말라고 하는 가정방문 또한 강행했습니다. 프로세스를 순서대로 밟으면 판단을 제대로 할 수 있게 되고 모든 장애물을 극복할 수 있는 자신감이 생깁니다.

다음은 김태엽 매니저가 니즈 환기를 시키는 사례를 살펴보겠습니다.

스무 살 신입 여대생이 있었습니다. 이 여대생은 엄마를 병으로 잃고 아버님과 둘이서 살고 있었습니다. 아버지에게는 하나밖에 없는 자식이었고 세상 어떤 것과도 바꿀 수 없이 애지중지 소중하게 키운 딸이었습니다.

그런데 연말이 다가오자 여느 신입생들이 그러하듯 망년회며 모임들로 늦게 들어가는 날이 잦아지자 하루는 딸을 불러 심하게 호통을 쳤습니다. 심하게 혼이 난 이 여대생은 내일부터는 늦지 않겠다고 아버지에게 약속을 했습니다.

그러나 공교롭게도 다음날 정말 중요한 모임 때문에 또 늦고 말았습니다. 저녁 9시 반이 넘어 모임장소를 나오니 함박눈이 펑펑 내려 거리는 온통 눈밭으로 변해 있었습니다. 버스정류장까지 걸어갔으나 길이 미끄러워서인지 버스는 오지 않았고, 시린 발을 동동 구르며 언제 올지 모르는 버스를 기다리고 있었습니다.

그런데 자신이 걸어왔던 방향에서 젊은 엄마가 갓난아기를 안고 걸어오는 게 보였습니다. 자신이 걸어왔던 길이기에 속으로 '저기 미끄러울 텐데…….' 하고 걱정을 하면서 아기를 안은 젊은 엄마가 걸어오는 모습을 보고 있었습니다. 아니나 다를까? 순간 그 젊은 엄마는 중심을 잃고 휘청 뒤로 넘어져서 그대로 머리를 바닥에 부딪히고 말았습니다. 대개 사람들이 넘어질 때는 본능적으로 머리를 보호하기 위해서 팔을 짚는다거나 몸을 틀지만, 이 젊은 엄마는 아기를 보호하기 위해 머리를 부딪히는 선택을 할 수밖에 없었던 것입니다.

여대생이 놀라서 뛰어가 보니, 아기 엄마의 머리에서는 선홍색 피가 흘러내려 하얀 눈밭에 퍼지고 있었고, 엄마 품속의 아기는 놀라서 큰 소리로 울고 있었습니다. 여대생은 피를 보는 순간 너무 놀라 어쩔 줄 몰라 하며, 자신의 가방에서 손수건을 꺼내 아기 엄마에게 건넸습니다.

그런데 이 엄마는 그 손수건을 받아들자 자신의 머리에 흐르는 피는 아랑곳하지 않고, 자신의 품속에서 경기를 일으키며 울고 있는 아이의 눈물을 닦으면서 "아가야! 울지 마라~ 엄마가 미안해!"라고 말했습니다. 순간 세상을 떠난 엄마의 얼굴, 집에서 자신을 기다리고 계실 아버지의 얼굴이 떠오르며 여대생은 뜨거운 눈물을 흘렸습니다. 119구급대를 불러서 젊은 엄마와 아기를 병원으로 보내고, 이 여대생은 집으로 돌아가 아버지와 지금까지 해본 적이 없는 세상에서 가장 뜨거운 포옹을 했다고 합니다.

고객님! 고객님도 부모님으로부터 이런 사랑을 받으면서 자랐을 것이고, 고객님 또한 눈에 넣어도 아프지 않을 자녀들을 이렇게 지켜줄 것이라 생각합니다. 또한 고객님의 자녀들도 이런 모습으로 자신들의 아이들을 지켜줄 것입니다. 저는 보험이란 손수건 같은 역할을 해야 한다고 생각합니다. 내 머리가 깨지고, 내가 세상을 떠나는 한이 있더라도, 울고 있는 내 아이의 눈물을 닦아줄 수 있는 것, 그것이 보험이 해야 할 역할이라 생각합니다.

다음은 니즈 환기를 할 때 사용하면 매우 유용한 예화입니다. 〈자갈과 다이아몬드〉라는 이야기입니다.

한 제자가 스승에게 "왜 저희는 아무짝에도 쓸모없는 수학공식 따위를 배워야 하는 건가요?"라며 하소연을 하자, 스승은 빙그레 웃으며 이야기 하나를 들려주었습니다.

어느 날 밤, 유목민 두 사람이 야영을 하려고 텐트를 치고 휴식할 때였습니다. 갑자기 두 사람 앞에 신이 나타났습니다. 그들은 깜짝 놀랐지만 자신들의 소원을 들어줄 거라는 기대로 아주 기뻐했습니다. 신은 이런 말을 남기고 사라졌습니다.

"내일 사막을 건너갈 때 자갈을 주워 주머니를 채워라. 내일 저녁, 너희는 아주 기쁠 것이다. 그러나 동시에 크게 후회할 것이다."

두 사람은 실망했습니다. 신이 부자가 될 재물을 줄 것으로 기대했는데, 알쏭달쏭한 말만 남기고 사라진 것입니다. 더구나 뜨거운 사막을 지나가면서 자갈을 넣어가라니…… 이튿날 두 사람은 고작 자갈 몇 개만을 주머니에 담고 길을 떠났습니다.

그날 저녁 그들은 주머니를 열어 보고 깜짝 놀랐습니다. 자갈이 다이아몬드로 변해 있었던 것입니다. 그들은 얼싸안고 기뻐했습니다. 그러나 동시에 왜 더 많은 자갈을 줍지 않았는가 후회하며 땅을 쳤습니다. 그때 신의 목소리가 어렴풋이 들려왔습니다.

"너희가 지금 많은 다이아몬드를 얻으려면 낮 동안 부지런히 자갈을 주웠어야 했거늘……"

우리가 생각하는 보험 또한 지금 현재는 자갈처럼 아무 쓸모가 없어 보이지만 훗날엔 다이아몬드처럼 소중한 보물이 될 것입니다.

프로세스에
충실하라

매몰되지 마라 영과 많은 것을 끝나거나 있어야도 싫어
러 업과 많은 것을 장변도든 없이마 가꾸장이다 다른
사람에게는 그들의 마음 가고 못, 없다 함께없, 있
아다

— 리차드 버그

　　세일즈 프로세스란 정확하게 문자적 의미로 해석
한다면 판매공정, 판매과정이란 뜻입니다. 즉 원재료가 인풋(input)
이 되어 판매공정이란 과정을 거쳐 아웃풋(output), 즉 계약이라는
결과물이 나오는 것입니다. 그렇기 때문에 청약(계약)이란 세일즈 프
로세스의 부산물이지 그 자체가 목표가 될 수는 없습니다. 만약 그
자체가 목표가 된다면 프로세스가 약해질 뿐만 아니라 그로 인해 좋

은 결과물이 나올 수 없습니다.

그렇다면 왜 세일즈 프로세스가 그렇게 중요한 것일까요?

프로세스의 중요성을 《넛지》에서는 다음과 같이 설명합니다.

예일대 캠퍼스에서 아주 재미있는 실험이 있었다. 당시 실험 대상이었던 예일대 4년생들은 파상풍의 위험과 보건소에 가서 예방접종을 받는 일이 얼마나 중요한지에 대해 적절한 교육을 받았다. 대부분의 학생들이 수긍을 하고 주사를 맞겠다고 했지만 실제로 보건소에 가서 주사를 맞는 학생은 3퍼센트에 불과했다.

한편 또 다른 학생들에게는 보건소 위치가 그려진 지도를 주었고, 시간표를 보여주고 언제 맞을 것인지, 어떤 길로 갈 것인지를 택하도록 요청을 했다. 그 결과 28퍼센트의 학생들이 파상풍 주사를 맞았다. 학생들은 모두 4학년생이었고 당연히 보건소의 위치를 잘 알고 있었으며 예약을 한 상태가 아니었음에도 9배의 학생이 더 주사를 맞았다.

심리학과 쿠르트 레빈(Kurt Lewin)의 '경로 요인(Channel factor)'은 〈특정한 행동을 촉진하거나 방해할 수 있는 작은 영향력〉의 잠재력을 입증해 보이고 있다. 즉 사람들은 특정한 방향으로 밀어붙이기보다는 모종의 작은 장애물을 제거함으로써 보다 수월하게 바람직한 행동을 독려할 수 있다.

세일즈 프로세스의 각 단계는 고객들을 청약으로 가게 만드는 '경로요인'이라 할 수 있습니다. 각 단계에 충실한 프로세스가 고객이 청약으로 가는 데 걸림돌이 되는 장애물을 제거해줍니다.

예를 들어 어떤 사람이 자동차 전시장에 차를 사러 갔습니다. A영업사원은 차보다는 가격할인을 제시하면서 판매조건에 대해서만 이야기했고, B영업사원은 고객들에게 차를 타볼 것을 권하고 차의 기능적인 면을 설명하면서 차에 대해서 많은 것을 이야기한다면 어떤 영업사원에게 구매할 확률이 높을까요? A영업사원보다는 B영업사원에게 구매할 확률이 높습니다. 여기에는 함께하는 시간 또한 중요한 원인으로 작용합니다. 자연스럽게 고객의 구매심리 프로세스가 작용했기 때문입니다.

이처럼 세일즈를 하면서 프로세스에 충실하다면 그 결과는 일시적인 것이 아니라 지속적으로 좋은 성과를 가져다줍니다. 프로세스에 충실해야 고객을 감동시킬 수 있고 성과를 맛볼 수 있습니다.

친구나 지인은 더욱더 철저히

저는 영업 초기부터 3W(한 주의 3건의 신계약)을 진행해서 200주 가까이 달성했습니다. 그러던 어느 날 지인시장으로 눈을 돌려 '코끼리시멘트'에 다니는 이동국이라는 친구에게 전화를 해서 약속을 잡고 만나 첫면담에 들어갔습니다.

그런데 너무 친한 친구라 제 스스로 지레 친구가 불편하고 부담스럽겠거니 하는 생각을 떨칠 수가 없었습니다. 그러다 보니 세일즈 프로세스에서 점점 어긋나기 시작했습니다. 사실과 느낌을 발견하고 진정한 니즈를 발견해 다음 단계를 이끌어낼 수 있었어야 했는데 그러지를 못했습니다.

그런 저를 보며 친구가 화가 났는지 "창국이 너, 그렇게 안 봤는데 그러지 마라. 제대로 해야지" 하며 훈계를 했습니다. 그제야 저는 정신을 차리곤 친구에게 사과를 하고 나왔습니다. 그리고 다음 주에 다시 약속을 잡고 프로세스에 맞춰 충실히 진행한 끝에 청약을 하게 되었습니다.

친구는 밤에 자고 있는 자녀의 고사리 같은 손을 보면서 저 고운 손을 지켜줄 수 있는 사람은 본인밖에 없다는 생각에 가슴이 뜨거워진다고 했습니다. 자신이 가입한 생명보험을 통해 조금이나마 나의 어깨에 짊어진 책임감을 나눌 수 있어서 너무 행복하다고 했습니다. 그 친구는 제게 생명보험이 가장에게 어떤 역할을 하는지 가르쳐주었습니다.

이와 비슷한 또 한 가지 사례가 있습니다.

제 친한 친구 가운데 포항 포스코 인사과장이 있습니다. 그 친구와 약속을 하고 점심식사를 한 뒤 저는 앞뒤 사정을 막론하고 "우리 친구 사이 아니냐? 네가 나에게 와서 계약을 권유했어도 난 했을 거야"라고 말한 뒤 곧바로 청약을 했습니다. 그런데 며칠 뒤 그 친구가 철회를 요구했습니다. 알고 보니 그 친구에게 큰 빚이 있었습니다. 물어보지 않았으니 알 리 만무했습니다. '사실을 발견'하지 못했으니 어쩌면 당연한 결과일지도 모릅니다. 앞서 말씀드렸다시피 필요에 의해 가입하지 않으면 단돈 만 원도 아까운 법이니까요.

이처럼 친구나 지인의 경우 프로세스에 충실하지 않는 경우가 많습니다. 너무 편하다 보니까 공식적으로 이야기한다는 것이 서로 겸연쩍을 수도 있습니다. 그래서 이 친구는 대충해도 되겠지 하며 타협을 하고 세일즈에만 치중합니다.

그리고 친구들도 때로는 너무 쉽게 계약을 해주려 합니다. 그런데 이것이 세일즈의 최대 함정입니다. 쉽게 상품으로만 계약을 하면 안 됩니다. 그렇게 되면 다음 프로세스에서 주도권을 쥘 수 없습니다. 청약을 하면 소개를 받아야 하는데 감동 없이 이루어진 청약서와 보험증권을 보고 어떤 깊이 있는 이야기가 오가겠습니까?

실적에 대한 강박관념과 시간에 쫓기면 프로세스를 무시하는 경우가 많습니다. 마음이 다급하다 보니 상품의 특징과 이점만 이야기하려고 덤빕니다. 이것은 골프에서 잘 안 될 때 샷이 빨라지는 것과 똑같은 이치입니다. 샷의 프로세스가 무시되고 빨라지는 것입니다. 빨라지면 잘할 수 없고, 어려워지면 빨라집니다. 가까운 사이일수록 일이 어려워질수록 프로세스에 충실해야 합니다.

이와 반대의 사례로 차근차근 프로세스를 거쳐 좋은 결과물로 이어진 사례도 있었습니다.

중소기업체를 경영하고 있는 대학원 선배를 만나기 위해 사무실로 찾아갔습니다. 북적북적 어수선한 사무실에서 선배가 나와 저를 반갑게 맞이해주었습니다.

"창국아, 어서 와. 보험회사에 입사했다고? 어떤 보험 들어줄까? 한 50만 원 정도면 되니?"

내심 기뻤지만 저는 "선배님, 무슨 소립니까? 일단 제 얘기 먼저 들어주십시오" 하고 상담하기 좋은 공간을 확보하기 위해 조용한 카페로 자리를 옮겼습니다. 그렇게 첫면담을 마치고 2차면담을 위해 댁으로 방문하겠다고 하니, 천안에 있는 공장으로 오라고 해 그곳에서 프로세스에 맞춰 열심히 진행했습니다. 그리고 청약서에 서명을 하기에 이르렀습니다. 처음에 언급했던 50만 원보다 훨씬 더 큰 청약을 할 수 있었습니다.

그런데 그 선배가 서명을 하며 하는 말이 "창국아, 너 정말 제대로 하는 것 같다. 실은 우리 어머니도 보험 세일즈를 하시며 우리 형제를 뒷바라지하셔서 내가 보험에 대해 조금 알아. 그런데 오늘 네가 들려준 이야기를 통해서 나는 이제껏 미처 생각하지 못한 것을 깨달은 것 같다."

그리고 지인 소개도 잊지 않았습니다.

프로세스에 충실했기 때문에 소개로 이어진 것입니다. 소개를 통해 선순환 고리가 연결되었습니다. 프로세스에 충실하지 않으면 계약은 운 좋게 이루어질 수도 있지만 고객층을 확보할 수 있는 연결 고리가 차츰 끊어지게 마련입니다. 프로세스를 충실히 이행하면 고객은 상품의 가치를 인정하고 마음속의 이야기를 끄집어낼 수 있게 되어 서로 교감을 형성할 수 있습니다.

첫면담에서는 상담에 집중할 수 있게 최선을 다하고 2차면담 시에는 청약을 하는 데 목적을 두어야 합니다. 세일즈 프로세스에 충실하면 창의력이 생기고 스토리 경쟁력이 나날이 발전합니다.

매번 찾아오는 기회마다 성공하는 세일즈맨은 세상 어디에도 없습니다. 계약은 할 수도 있고 안 할 수도 있습니다. 하지만 기본 프로세스에 충실하다 보면 어떠한 경우에도 우려할 상황은 오지 않을 것입니다. 프로세스대로 하지 않으면 일이 더 어려워집니다. 공정을 통해 제대로 된 완성품이 나오듯이 프로세스에 충실하다 보면 더 나은 결과물을 얻을 수 있을 것입니다. 세일즈맨은 프로세스를 파는 사람이라는 점을 명심하시기 바랍니다.

생각은
행동의 씨앗이다

오프라 윈프리는 미국 미시시피 주에서 사생아로 태어나 14살에 미혼모가 되었고 자신의 아들이 2주 후에 죽는 고통을 겪었습니다. 그러나 그녀는 지금 미국의 상위 자선가들 중 첫 번째 흑인계 미국 인이며 세계에서 유일한 흑인 억만장자입니다. 그녀는 세계에서 가장 영향력 있는 여성이기도 합니다.

"세상을 살다 보면 많은 상을 받게 되지만 자신을 자랑스럽게 생각하는 것보다 더 큰 상은 없다"라는 그녀의 말은 우리에게 많은 생각을 하게 합니다. 자신을 자랑스럽게 여기지 못하는 사람은 세일즈를 잘할 수 없습니다. 그것을 흔히 자존감이라고 하는데, 자신의 능력을 믿고 사랑할 줄 아는 것을 말합니다.

자존감이 높은 사람을 만나면 그 사람을 놓치게 될지도 모른다는 생각이 들어 불안한 마음이 듭니다. 자존감은 노력에 의해 충분히 계발할 수 있습니다.

생각하고 마음만 먹어도 실력이 향상된다

'사심언행(思心言行)', 즉 생각이 마음으로 비춰지고 마음이 언어로 담겨지고 언어는 행동으로 표현된다는 뜻입니다. 이처럼 생각에도 생명이 있어서 생각을 함부로 하면 안 됩니다. 언어는 마음을 담는 그릇이라고 했습니다. 그러므로 말 또한 함부로 해서는 안 됩니다. 말로 표현하는 것이 결국 행동이 되기 때문입니다.

특히 부정적인 말들은 더더욱 그렇습니다. 남을 시기하거나 험담하는 말을 하면 몸에 힘이 빠지고 이상하게도 일하기 싫어지고 의욕이 사라집니다. 힘들다는 말 또한 반복해서 하면 몸이 더 힘들어집니다. 이것을 극복해야 세일즈를 의욕적으로 할 수 있습니다.

한 야구팀을 세 그룹으로 나누어 한 달 동안 실험을 해보았습니다. A그룹은 하와이로 전지훈련을 떠나 한 달 내내 열심히 훈련을 받게 하고, B그룹은 훈련을 시키지 않고 시원한 강의실에서 영상을 보게 하고 야구에 대한 이론을 학습하게 했습니다. 그리고 C그룹은 아무것도 시키지 않고 휴가를 주었습니다. 그러곤 한 달 후 실력을 측정해보았습니다. 결과는 어떻게 되었을까요?

C그룹의 실력이 가장 나쁘게 측정되었고, A그룹의 실력 향상은 두드러졌습니다. 그런데 놀랍게도 B그룹 또한 A그룹 못지않은 실력 향상이 있었습니다. A그룹은 몸소 훈련을 했고 B그룹은 몸으로

훈련을 하진 않았지만 야구에 대한 생각과 영상을 보게 했을 뿐인데도 A그룹만큼의 성과를 올릴 수 있었습니다. 결국 생각하고 마음만 먹어도 실력이 향상된다는 것입니다.

헬스트레이너나 보디빌더들은 불가피한 경우 운동을 할 수 없게 되면 자신이 헬스하는 생각만 해도 근육이 생긴다고 합니다. 그만큼 생각이 중요합니다.

열정적으로 생각하면 열정적으로 행동할 수 있다

옛날에는 감정이 행동을 지배한다고 생각했습니다. 그래서 기분이 나쁘고 마음 상한 일이 있으면 행동으로 나타난다고 생각했습니다. 그런데 그런 일이 있더라도 행동을 다르게 하고, 더욱더 적극적으로 한다면 감정 또한 바뀐다는 연구 결과가 나왔습니다. 즉 즐거워서 웃는 것이 아니고 웃다 보면 즐거워진다는 이야기입니다. 행동으로 감정을 지배할 수 있다는 것은 대단한 발견입니다. 즉 감정과 행동은 서로 양립할 수 있으며 행동할 때 더욱더 좋은 감정을 느낄 수 있습니다. 왜냐하면 인간은 한 시간만 멍하니 있어도 부정적인 감정을 느끼게 되는 나약한 존재니까요. 생각은 긍정적으로 행동은 적극적으로 하는 게 자신을 이길 수 있는 가장 좋은 길입니다.

세일즈의 90퍼센트 이상은 열정이라는 감정에서 시작됩니다. 열정적인 감정에서 열정적인 행동이 나오기 때문입니다. 열정적인 감정은 열정적인 생각에서 비롯됩니다. 즉 열정적으로 되어야겠다는 생각을 하면 열정적으로 바뀝니다. 고객들이 우리에게 사고 싶은 것은 단지 상품만은 아닙니다. 우리가 이야기하는 무형의 모든 가치가 상품이기 때문에 그 상품과 함께 열정도 사고 싶어 합니다.

잭 웰치는 "열정이 최고의 기술을 만든다"라고 말했습니다. 이는 열정이 갖고 있는 마술이기도 합니다. 저도 세일즈 현장에서 또한 관리 현장에서 열정이 만들어내는 마술을 수없이 경험했습니다.

앞에서 말한 모든 법칙이나 경험도 모두 열정이 뒷받침하고 있었기 때문에 가능했고 어쩌면 열정의 마술이 아닌가 싶습니다. 오르지 않는 한 정상에 이를 수 없고, 노력하지 않는 한 목적지에 다다를 수 없습니다. 성공을 위해서는 기술을 배우는 것도 중요하지만 정신을 배우는 일이 훨씬 더 중요합니다.

왜냐하면 몸과 마음이 하나이기 때문입니다. 몸은 보이는 마음(정신)이고, 마음은 보이지 않는 몸입니다. 저는 많은 고객들을 만나며 정신적·육체적 한계를 넘어설 때 새로운 마음을 만났습니다. 그리고 제 자신이 많이 확장되고 성장한 것을 느꼈습니다.

이 책을 읽는 독자들도 자신의 한계점을 넘어서 자신 속에 잠들어 있는 거인을 깨워 새로운 세일즈 세계를 만나시기 바랍니다. 세일즈는 더 큰 나를 만날 수 있는 축복의 직업입니다.

마지막으로 제가 좌우명으로 삼고 있는 오마르 워싱턴의 시를 하나 들려드리려고 합니다. 세일즈를 하는 사람들이 가져야 할 철학과 프레임을 잘 함축하고 있는 시입니다. 이 책을 읽는 모든 분들이 열정의 마술에 걸려 축복 가득한 삶을 사시길 희망합니다.

〈나는 배웠다〉

나는 배웠다.

다른 사람으로 하여금

나를 사랑하게 만들 수 없다는 것을 나는 배웠다.

내가 할 수 있는 일이 있다면 사랑받을 만한 사람이 되는 것뿐이다.

사랑은 사랑하는 사람의 선택이다.

내가 아무리 마음을 쏟아 다른 사람을 돌보아도

그들은 때로 보답도 반응도 하지 않는다는 것을 나는 배웠다.

신뢰를 쌓는 데는 여러 해가 걸려도

무너지는 것은 순식간이라는 것을 배웠다.

다른 사람의 최대치에 나 자신을 비교하기보다는

내 자신의 최대치에 나를 비교해야 한다는 것을 나는 배웠다.

그리고 또 나는 배웠다.

인생은 무슨 사건이 일어났는가에 달린 것이 아니라

일어난 사건에 어떻게 대처하느냐에 달려 있다는 것을…….

무엇을 아무리 얇게 베어낸다 해도

거기에는 언제나 양면이 있다는 것을 나는 배웠다.

나는 배웠다.

사랑하는 사람들에게는

언제나 사랑의 말을 남겨놓아야 한다는 것을.

어느 순간이 우리의 마지막의 만남이 될지 아는 사람은 아무도 없다.

해야 할 일을 하면서도 그 결과에 대해서는

마음을 비우는 자들이 진정한 의미에서의 영웅임을 나는 배웠다.

사랑을 가슴 속에 넘치게 담고 있으면서도

이를 나타낼 줄을 모르는 사람들이 있음을 나는 배웠다.

나에게도 분노할 권리는 있으나

타인에 대해 몰인정하고 잔인하게 대할 권리는 없다는 것을

나는 배웠다.

나는 배웠다.

사랑하는 것과

사랑을 받는 것의 그 모두를.

KI신서 3143

스토리를 팔아라

1판 1쇄 발행 2011년 2월 24일
1판 13쇄 발행 2018년 2월 5일

지은이 김창국
펴낸이 김영곤 **펴낸곳** (주)북이십일 21세기북스
정보개발본부장 정지은
출판마케팅팀 김홍선 최성환 배상현 신혜진 김선영 나은경
출판영업팀 이경희 이은혜 권오권
홍보기획팀 이혜연 최수아 김미임 박혜림 문소라 전효은 염진아 김선아
제휴팀 류승은 **제작팀** 이영민
출판등록 2000년 5월 6일 제406-2003-061호
주소 (우10881) 경기도 파주시 회동길 201(문발동)
대표전화 031-955-2100 **팩스** 031-955-2151 **이메일** book21@book21.co.kr

(주)북이십일 경계를 허무는 콘텐츠 리더

21세기북스 채널에서 도서 정보와 다양한 영상자료, 이벤트를 만나세요!
장강명, 요조가 진행하는 팟캐스트 말랑한 책수다 '책, 이게 뭐라고'
페이스북 facebook.com/21cbooks   블로그 b.book21.com
인스타그램 instagram.com/21cbooks   홈페이지 www.book21.com

ISBN 978-89-509-2899-5 03320
책값은 뒤표지에 있습니다.